essentials

Essentials liefern aktuelles Wissen in konzentrierter Form. Die Essenz dessen, worauf es als „State-of-the-Art" in der gegenwärtigen Fachdiskussion oder in der Praxis ankommt. Essentials informieren schnell, unkompliziert und verständlich

- als Einführung in ein aktuelles Thema aus Ihrem Fachgebiet
- als Einstieg in ein für Sie noch unbekanntes Themenfeld
- als Einblick, um zum Thema mitreden zu können

Die Bücher in elektronischer und gedruckter Form bringen das Expertenwissen von Springer-Fachautoren kompakt zur Darstellung. Sie sind besonders für die Nutzung als eBook auf Tablet-PCs, eBook-Readern und Smartphones geeignet.

Essentials: Wissensbausteine aus den Wirtschafts, Sozial- und Geisteswissenschaften, aus Technik und Naturwissenschaften sowie aus Medizin, Psychologie und Gesundheitsberufen. Von renommierten Autoren aller Springer-Verlagsmarken.

Martina Schäfer

# Erfolgsfaktor Kanzleikommunikation

Magnet für Mandanten
und Mitarbeiter

Martina Schäfer
FINIS Kommunikation
Berlin
Deutschland

ISSN 2197-6708 ISSN 2197-6716 (electronic)
essentials
ISBN 978-3-658-09075-3 ISBN 978-3-658-09076-0 (eBook)
DOI 10.1007/978-3-658-09076-0

Die Deutsche Nationalbibliothek verzeichnet diese Publikation in der Deutschen Nationalbibliografie; detaillierte bibliografische Daten sind im Internet über http://dnb.d-nb.de abrufbar.

Springer Gabler


Gedruckt auf säurefreiem und chlorfrei gebleichtem Papier

Springer Fachmedien Wiesbaden ist Teil der Fachverlagsgruppe Springer Science+Business Media (www.springer.com)

# Was Sie in diesem Essential finden können

- einen Überblick über verschiedene Kommunikations- und Marketingmaßnahmen – online und offline
- Hinweise zu strategischen und inhaltlichen Vorüberlegungen für Marketing und Kommunikation
- Leitfragen, die Kanzleien in ihre Kommunikations- und Marketingplanung einbeziehen sollten
- zwei Experteninterviews
- Anregungen zum Controlling von Kommunikations- und Marketingmaßnahmen

# Vorwort

Eine Kanzlei erfolgreich zu führen heißt, stets genügend Mandate und die „richtigen" Mandanten zu haben sowie auf ein Team kompetenter Mitarbeiter bauen zu können. Das gilt für Kanzleigründer genauso wie für Rechtsanwälte, Steuerberater oder Wirtschaftsprüfer, die bereits seit vielen Jahren auf dem Markt sind. Dazu benötigt die Kanzlei jedoch eine gewisse Anziehungskraft. Potenzielle Mandanten und Mitarbeiter müssen sie wahrnehmen. Und die Aufmerksamkeit bestehender Mandanten muss durch regelmäßige Informationen immer wieder neu geweckt werden. Wenn dies der Kanzlei gelingt, kann sie sich oft über „einen Zulauf fast wie von selbst" freuen. Im härter werden Wettbewerb der mehr als 160.000 Rechtsanwälte und über 90.000 Steuerberater alleine in Deutschland gestaltet sich dies heute jedoch immer schwieriger. An Bedeutung gewinnt daher die gezielte Kommunikation. Denn damit gelingt es dem rechtlichen oder steuerlichen Berater am besten, auf die eigene Kanzlei aufmerksam zu machen, die eigenen Kompetenzen glaubhaft zu übermitteln und Vertrauen zu gewinnen.

Das Gute dabei ist: Heute sind nicht nur die Herausforderungen besonders groß, denen sich ein Kanzleiinhaber gegenübersieht. Auch die Möglichkeiten in Bezug auf Kanzleimarketing und -kommunikation sind vielfältig. Dazu zählen klassische Kommunikations- und Marketingmaßnahmen genauso wie Instrumente des Online-Marketings. Die größte Reichweite gewinnt der Rechtsanwalt, Steuerberater oder Wirtschaftsprüfer, wenn er auf eine Mischung einzelner Maßnahmen setzt. Welche am besten zu ihm und seiner Kanzlei passen, gilt es daher, vorab zu ermitteln und in einer passgenauen Strategie zusammenzuführen. Einen Überblick über die umfangreichen Möglichkeiten gebe ich Ihnen in diesem Essential.

„Erfolgsfaktor Kanzleikommunikation – Magnet für Mandanten und Mitarbeiter" ist das dritte Essential in einer vierteiligen Reihe, das Kanzleien hin zu einem erfolgreichen Kanzleimarketing begleitet. Die weiteren Essentials haben die Titel Erfolgsfaktor Alleinstellungsmerkmal, Erfolgsfaktor Corporate Identity und

Erfolgsfaktor Kanzleistrategie. Mit diesen vier Essentials möchte ich Rechtsanwälte, Steuerberater und Wirtschaftsprüfer dabei unterstützen, in ihrer Außenwirkung stärker zu überzeugen und sich die Akquise von Mandanten und Mitarbeitern sowie deren langfristige Bindung zu erleichtern. Ich würde mich sehr freuen, wenn sie viele nützliche Anregungen für sich finden und diese umsetzen können.

Viel Erfolg dabei wünscht

Martina Schäfer

P.S. Teilen Sie mit mir Ihre Erfahrungen zum Kanzleimarketing. Ich freue mich von Ihnen zu lesen: info@finis-kommunikation.de.

P.P.S. In diesem Essential ist der besseren Lesbarkeit halber durchgängig von Rechtsanwälten, Steuerberatern, Wirtschaftsprüfern und Kanzleiinhabern die Rede. Alle Vertreterinnen dieser Berufe bitte ich, beim Lesen in Gedanken ein „in" anzuhängen. Selbstverständlich sind Sie in diesem Essential genauso angesprochen wie Ihre männlichen Pendants.

# Inhaltsverzeichnis

# 1

Oberstes Ziel bei der Führung einer Kanzlei ist ihr wirtschaftlicher Erfolg. Das bedeutet, der Rechtsanwalt, Steuerberater oder Wirtschaftsprüfer braucht genügend Mandanten, um mit seiner Kanzlei das angestrebte Auskommen zu erzielen. Die meisten Kanzleiinhaber oder Partner setzen dabei auf die Unterstützung durch Mitarbeiter. Und das heißt: Sie brauchen auch die richtigen Angestellten. Entsprechend lautet die Aufgabe, die passenden Mandate anzuziehen und ein geeignetes Team zusammenzustellen. Sind sowohl Mandanten als auch Mitarbeiter einmal gefunden, gilt es dann, sie bei der Stange zu halten und vielleicht von Zeit zu Zeit zu ergänzen. Gut bewältigen lässt sich diese Herausforderung durch den Einsatz geeigneter Kommunikations- und Marketingmaßnahmen, mit denen sie verschiedene Ziele erreichen können (vgl. Abb. 1.1). So gelingt es mit Hilfe einer wirkungsvollen Kommunikation nicht nur, die Aufmerksamkeit von potenziellen Mandanten und Mitarbeitern zu wecken. Sie dient auch dazu, sich bei bestehenden Mandanten immer wieder in Erinnerung zu bringen und das aktuelle Team auf dem Laufenden zu halten. Hinzu kommt: Sie trägt dazu bei, einen Expertenstatus aufzubauen und Vertrauen zu gewinnen.

Gerade vor dem Hintergrund des härter werdenden Wettbewerbs und der stetig wachsenden Zahl an Rechtsanwälten, Steuerberatern und Wirtschaftsprüfern gewinnen die gezielte Kommunikation und das Marketing immer mehr an Bedeutung. Denn die Zeiten, in denen sich zum Beispiel Mandanten bei einer Steuerkanzlei beworben haben, sind längst vorbei. Heute wählen sie stattdessen aus einer Vielzahl von Kanzleien die für sie passende aus und scheuen auch immer weniger einen späteren Wechsel. Entsprechend scheinen langfristig sichere Mandate ebenfalls der Vergangenheit anzugehören. Hinzu kommt, dass auch qualifizierte Mit-

© Springer Fachmedien Wiesbaden 2015
M. Schäfer, *Erfolgsfaktor Kanzleikommunikation*, essentials,
DOI 10.1007/978-3-658-09076-0_1

**Abb. 1.1** Kommunikati-
ons- und Marketingziele

arbeiter zunehmend schwerer zu finden sind. Daher wird es für Rechtsanwälte, Steuerberater und Wirtschaftsprüfer immer wichtiger, aus der Masse herauszuragen und auf diese Weise Mandanten und Mitarbeiter anzuziehen und dann auch zu binden. Aus der Masse herausragen bedeutet denn auch zweierlei: Erst einmal muss die Kanzlei sichtbar sein, sodass Menschen überhaupt auf sie aufmerksam werden können. Weiterhin muss sie Merkmale aufweisen, mit denen sie sich von ihren Wettbewerbern abhebt und die dann den Ausschlag bei der Entscheidung von Mandanten oder Mitarbeitern geben. Idealerweise baut sie dabei auf ein überzeugendes Alleinstellungsmerkmal sowie eine stimmige Corporate Identity; beide Themen sind jeweils Inhalt eines eigenen Essentials.

Aufmerksamkeit und Sichtbarkeit sind jedoch nicht allein entscheidend, um Mandanten und Mitarbeiter für die Kanzlei zu gewinnen und dann auch zu binden. Um hier erfolgreich zu wirken, bedarf es weiterer Faktoren. Besonders wichtig ist dabei Vertrauen. Immerhin erfahren Rechtsanwälte, Steuerberater und Wirtschaftsprüfer sehr persönliche Informationen von ihren Mandanten. Da ist es nur allzu verständlich, wenn diese ihren rechtlichen oder steuerlichen Berater gerne kennenlernen, bevor sie ein Mandat erteilen – und sei es nur virtuell oder durch seine Veröffentlichungen. Das bedeutet auch: Gerade bei so sensiblen Dienstleistungen wie der rechtlichen und steuerlichen Beratung kommt es darauf an, sich als Experte zu präsentieren und Mandanten von der in der Kanzlei vertretenen Kompetenz zu überzeugen. Für Mitarbeiter zählt außerdem: Wie ist die Atmosphäre vor Ort? Und ist dies ein Arbeitsplatz, an dem ich mich wohlfühlen kann? Genau diese

| Klassische Maßnahmen | | Online Maßnahmen |
| Gedruckt | persönlich | |
|---|---|---|
| • Eigene Veröffentlichungen (Artikel, Broschüren, Bücher)<br>• Pressemitteilungen<br>• Mandantenrundschreiben<br>• Begrüßungsschreiben<br>• Briefe/Karten zu besonderen Anlässen<br>• … | • Veranstaltungen (eigene und fremde als Diskussionsteilnehmer oder Gast)<br>• Vorträge<br>• Seminare/Workshops/Webinare<br>• Arbeitskreise<br>• Berater<br>• … | • Website<br>• Blog<br>• Social Media (XING, Facebook & Co.)<br>• Podcast<br>• Newsletter<br>• Presseportale<br>• Google AdWords<br>• … |

**Abb. 1.2** Kommunikations- und Marketingmaßnahmen

Aspekte können Rechtsanwälte, Steuerberater und Wirtschaftsprüfer sehr gut über gezielt ausgewählte und eingesetzte Kommunikations- und Marketingmaßnahmen vermitteln. Voraussetzung dafür ist allerdings, dass die Kanzlei eine gute Vorarbeit leistet. Denn entscheidend für den Erfolg ihrer Kommunikation und ihres Marketings ist, dass sie die für sie passenden Wege wählt, sodass sie ihre Zielgruppe auch tatsächlich erreicht.

Die Wege, die sich einer Kanzlei dabei für ihre Kommunikations- und Marketingmaßnahmen bieten, sind heute zahlreich (vgl. Abb. 1.2). Neben Veröffentlichungen auf klassischem Wege und dem persönlichen Kontakt bieten sich viele Möglichkeiten im Social Web. Die Auswahl für die geeigneten Kanäle kann sich daher durchaus schwierig gestalten. Den größten Erfolg wird der Rechtsanwalt, Steuerberater oder Wirtschaftsprüfer in den meisten Fällen jedoch erzielen, wenn er verschiedene Maßnahmen und Plattformen miteinander kombiniert. Entscheidend für die Auswahl sind dabei vor allem zwei Aspekte: Welche Maßnahmen und Plattformen passen zu ihm, das heißt womit fühlt er sich wohl? Und wo trifft er auf seine Zielgruppe und geeignete Multiplikatoren? Ebenfalls berücksichtigen muss er natürlich sein Zeitbudget. Denn natürlich erfordert erfolgreiche Kommunikation einiges an Zeit. Gut zu wissen ist es da, dass sich einiges delegieren lässt – zum Beispiel an externe Dienstleister. Wie eine Kanzlei ihre Kommunikation und ihr Marketing geschickt organisieren kann, ist daher Thema eines weiteren Essentials.

## 1.1   Auf Strategie, Konzept und Inhalt kommt es an

Bevor der Rechtsanwalt, Steuerberater oder Wirtschaftsprüfer nun aber mit seinen Kommunikations- und Marketingmaßnahmen startet, gilt es einiges zu bedenken. Denn eine erfolgreiche Kommunikation will gut geplant sein. Dazu gehören eine durchdachte Strategie, das passende Konzept und interessante Inhalte. Dabei muss die Strategie zur Gesamtstrategie der Kanzlei passen. Sie enthält ihre Positionierung, ihre Botschaften und die Zielgruppen. Und sie benennt Ziele sowie die Medien und Themen. Diese Vorüberlegungen mögen auf den ersten Blick aufwändig erscheinen und so mancher würde wohl am liebsten gleich mit einzelnen Kommunikations- und Marketingmaßnahmen beginnen, doch die Gefahr ist viel zu groß, dass solche Maßnahmen ins Leere laufen oder sogar das Gegenteil des Gewünschten bewirken. Das aber würde nicht nur Zeit kosten, sondern eventuell auch das Image der Kanzlei beschädigen.

▶ **Definition Kommunikationsstrategie** Maßnahmen grundsätzlicher Art zur Erreichung von Kommunikationszielen. Kommunikationsstrategien können sich in Verwendung einzelner, als auch in Kombination mehrerer Kommunikationsinstrumente niederschlagen.

Grundlage ist eine Marketingkonzeption auf Basis einer Marktanalyse (Erfassung der Marktsituation) und die Entwicklung eines strategischen Werbeplans (Werbeplanung) zur Festlegung der grundsätzlichen Aussagen der Werbebotschaft gemäß den Werbezielen.

Aus http://wirtschaftslexikon.gabler.de/Archiv/81506/kommunikationsstrategie-v6. html, abgerufen 4.12.2014

Die Kommunikations- und Marketingstrategie bildet damit die Grundlage für das Kommunikationskonzept der Kanzlei. Darin enthalten sind vor allem die Maßnahmen, für die der Rechtsanwalt, Steuerberater oder Wirtschaftsprüfer sich für seine Kommunikation und sein Marketing entschieden hat. In den meisten Fällen wird dies eine Mischung verschiedener Maßnahmen sein. Wichtig ist dabei: Sie müssen geeignet sein, die Zielgruppen der Kanzlei zu erreichen – also die Kanäle bedienen, die die Zielgruppe nutzt – und sie müssen ins Zeitbudget der Kanzlei passen oder sich delegieren lassen. Und schließlich sollten der Kanzleiinhaber oder die Partner sich mit den gewählten Maßnahmen wohlfühlen, da er sie nur dann regelmäßig umsetzen wird. Genau dies ist in jedem Fall notwendig, um das Kanzleimarketing erfolgreich bei der Akquise und Bindung von Mandanten und Mitarbeitern einsetzen zu können.

Ist die Strategie einmal klar definiert, kann die Kanzlei ihr Konzept entwickeln und die Inhalte ihrer Kommunikation festlegen. In das Kommunikations- und Marketingkonzept gehören erst einmal die einzelnen Plattformen, die die Kanzlei nutzen will. Außerdem legt sie fest, in welchem Rhythmus sie die verschiedenen Kanäle „bespielen" will. Steht dieser Rahmen, geht es daran, die Details zu fixieren. Wer ist für welche Maßnahmen zuständig? Welche Termine gilt es einzuhalten? Welche besonderen Anlässe erfordern Kommunikation? Um den Überblick nicht zu verlieren, hält die Kanzlei diese Punkte am besten in einem Redaktionsplan fest. Gut eignet sich dafür eine Excel-Liste, die sie nach den eigenen Bedürfnissen aufbaut. Vorlagen für Social-Media-Redaktionspläne, die sich dann problemlos selbst um die Maßnahmen der klassischen Kommunikation erweitern lassen, finden sich zahlreich im Internet. Ein Beispiel mit sieben verschiedenen Vorlagen ist dieses: http://www.onlinemarketing-praxis.de/social-media/social-media-redaktionsplan-muster-als-vorlage.

Nachdem auch das Konzept fertiggestellt ist, kann der Rechtsanwalt, Steuerberater oder Wirtschaftsprüfer sich der Planung der Inhalte – oder neudeutsch des Contents – zuwenden. Die Themen werden sich in den meisten Fällen an den Schwerpunkten der Kanzlei ausrichten. Denn hier liegt die Expertise und genau in diesem Bereich will sie einen Expertenstatus aufbauen und wahrgenommen werden. Hinzukommen werden zum Beispiel Ankündigungen von eigenen Vorträgen oder Veranstaltungen sowie Lese-Empfehlungen zu Veröffentlichungen, die die Kanzlei an anderer Stelle entdeckt hat und als lesenswert für ihre Zielgruppe einordnet. Wichtig ist daher, bei der Planung des Contents die Zielgruppe im Blick zu behalten. An wen wendet die Kanzlei sich mit ihrer Kommunikation und ihren Marketingmaßnahmen? Und was interessiert diesen Personenkreis? Die Antworten auf diese Fragen bestimmen die konkrete Themenplanung. Außerdem legen sie fest, wie stark Fachsprache die Veröffentlichungen durchziehen sollte. Generell gilt: Fachjargon sollte so wenig wie möglich verwendet werden. Gerade wenn die Kanzlei sich aber an Laien wendet, muss sie möglichst ganz auf juristische Fachsprache verzichten, um die möglichen Mandanten auch wirklich zu erreichen. Hier gilt es, den Sachverhalt allgemein verständlich darzustellen. Wo es sich anbietet, kann die Kanzlei auch auf Storytelling zurückgreifen und ihre Themen in Geschichten verpacken. Die gute Mischung der Inhalte und ihre ansprechende Aufbereitung sorgen schließlich dafür, dass die Veröffentlichungen gelesen werden und die Kanzlei dadurch ins Bewusstsein der Zielgruppe vordringt.

Sinnvoll ist es, bei der Planung bereits Inhalte für einen längeren Zeitraum festzulegen und einen Themenpool zu schaffen. Auch die darin geplanten Veröffentlichungen lassen sich gut vorbereiten, sodass sich die notwendige Schreibarbeit dem jeweiligen Arbeitsaufkommen anpassen lässt. Auf diese Weise lässt sich gut verhindern, im Tagesgeschäft ständig neue Ideen für Kommunikation und Marketing entwickeln zu müssen. Denn in diesem Fall ist die Gefahr groß, dass die gerade erst begonnene Kommunikation schnell wieder einschläft. Außerdem erleichtert ein solches Vorgehen den Überblick. Schließlich sollte auch der Content einer Strategie folgen. Das heißt, die Inhalte sollten zueinanderpassen und einander ergänzen oder aufeinander aufbauen. Gut ist dabei, auch wichtige Ereignisse oder Veranstaltungen im Blick zu behalten, zu denen der Rechtsanwalt, Steuerberater oder Wirtschaftsprüfer sein Statement veröffentlichen möchte. Dies lässt sich in der Regel gut planen, da die Termine meist lange vorher bekannt sind. Und selbstverständlich ist der Redaktionsplan nicht „in Stein gemeißelt". Wenn die Aktualität dies erfordert, lässt sich immer ein Beitrag einfügen und der ursprünglich geplante weiter nach hinten verschieben. Wichtig ist nur, dass die Kanzlei immer ihre Expertise im Fokus hat und den Schwerpunkt ihrer Kommunikation und ihrer Marketingmaßnahmen hiernach ausrichtet. Denn das Ziel der Bemühungen soll schließlich sein, dass die Zielgruppe sie wahrnimmt und als Experte für ihr Thema erkennt.

# Klassische Maßnahmen mit Wirkung

**2**

Für sein Kanzleimarketing und seine Kommunikation bieten sich dem Rechtsanwalt, Steuerberater oder Wirtschaftsprüfer heute zahlreiche Möglichkeiten. Dazu gehören nach wie vor die klassischen Maßnahmen wie Presse- und Medienarbeit und persönliches Netzwerken. Beide eröffnen wiederum eine Vielzahl an Wegen, die Expertise und die Persönlichkeit der Kanzlei zu präsentieren. Es gilt daher, die Marketingmaßnahmen auszuwählen, die zum jeweiligen Ziel und zur Kanzlei passen und die gleichzeitig geeignet sind, die Zielgruppe zu erreichen. Um hier die richtige Auswahl treffen zu können, ist es entscheidend, zu wissen: Was wollen der Kanzleiinhaber oder die Partner erreichen? Wen wollen sie ansprechen? Und wo und wie informiert sich diese Zielgruppe? Die Antworten auf diese Fragen geben eine erste Orientierung darüber, welche Wege der Kommunikation sich jeweils eignen. Im nächsten Schritt ist es wichtig, die möglichen Maßnahmen mit den eigenen Anforderungen abzugleichen. Denn nur wenn die gewählte Kommunikations- und Marketingmaßnahme zur Kanzlei passt, wird sie erfolgreich wirken.

Eine wirkungsvolle Kommunikationsstrategie umfasst im Allgemeinen einen Maßnahmenmix, zu dem sowohl verschiedene Instrumente aus dem Bereich der klassischen Maßnahmen gehören als auch die im nächsten Kapitel vorgestellten Online-Maßnahmen. So gelingt es, die Stärken der jeweiligen Instrumente zu nutzen und wirkungsvoll für die eigene Kommunikation und das Kanzleimarketing einzusetzen.

© Springer Fachmedien Wiesbaden 2015
M. Schäfer, *Erfolgsfaktor Kanzleikommunikation,* essentials,
DOI 10.1007/978-3-658-09076-0_2

## 2.1  Presse- und Medienarbeit als Erfolgsfaktor

▶ **Definition**  Medienarbeit (engl. Media Relations) bezeichnet das Aufgabenfeld der Öffentlichkeitsarbeit, das sich auf die Bereitstellung von Informationen für die Massenmedien (Presse, Hörfunk, Fernsehen sowie Online-Medien), die Nutzung von elektronischen Medien für die gezielte Platzierung eigener Botschaften sowie die Herstellung und Verbreitung von Medienerzeugnissen durch Organisationen bezieht. Die hauptsächliche Anspruchsgruppe der Medienarbeit sind Journalisten. Bezieht sich die Arbeit explizit auf die Presse, wird von Pressearbeit gesprochen. Mittlere bis große Unternehmen und weitere Organisationen haben speziell auf die Medienarbeit ausgerichtete Abteilungen, die im Normalfall Teil der Kommunikationsabteilung sind (neben der Kundenkommunikation, internen Kommunikation und Investor Relations). Diese Abteilung wird oftmals Pressestelle genannt, obwohl sich die Arbeit auch auf Fernseh- oder Radiojournalisten beziehen kann. Weitere Einrichtungen der Medienarbeit sind Pressezentren, z. B. auf Messen. PR-Agenturen bieten als Teil ihres Dienstleistungsspektrums auch Medienarbeit für Organisationen, vor allem Unternehmen, an.

aus http://de.wikipedia.org/wiki/Medienarbeit, abgerufen 4.12.2014

Ziel der Presse- und Medienarbeit einer Kanzlei sind Veröffentlichungen in Zeitungen und Zeitschriften. Das können eigene Artikel sein, in denen der Rechtsanwalt, Steuerberater oder Wirtschaftsprüfer über interessante und aktuelle Themen seiner Schwerpunkte schreibt. Das können aber auch Interviews sein, in denen er zu bestimmten Problemen Stellung nimmt. Oder aber die Presse zitiert ihn zu einem passenden Fachthema. Derartige Veröffentlichungen sind hervorragend geeignet, die Kanzlei nicht nur sichtbar werden zu lassen, sondern langfristig auch den Expertenstatus des Kanzleiinhabers oder der Partner aufzubauen. Weitere Gelegenheiten, die Themen der Kanzlei in den Medien zu platzieren, können eine regelmäßige Kolumne oder auch ein Advertorial – eine bezahlte Werbeanzeige in der Form eines redaktionellen Beitrags – sein. So bieten oft zum Beispiel die kostenlosen Stadtteilzeitungen eine Seite, auf der neben Werbeanzeigen von Kanzleien auch Rechts- oder Steuerthemen erläutert werden. Tageszeitungen widmen sich diesen Themen mitunter in Spezialausgaben oder Beilagen. Gerade für regional ausgerichtete Kanzleien können derartige Veröffentlichungen sehr interessant sein, da sie auf diese Weise ihrer Zielgruppe regelmäßig ihre Expertise präsentieren. Welche Möglichkeit die örtliche Zeitung hier anbietet, findet der Rechtsanwalt, Steuerberater oder Wirtschaftsprüfer am besten im Gespräch mit dem Verantwortlichen vor Ort heraus. Das gilt auch für die Konditionen eines Advertorials, die

| Mögliche Ziele | |
|---|---|
| | • Positionierung als Experte |
| | • Sichtbarkeit steigern |
| | • Information |
| | • Vertrauen gewinnen |
| | • Bekanntheitsgrad steigern |
| | • Imageaufbau und –pflege |
| | • Aufmerksamkeit gewinnen bei potenziellen Mandanten |
| | • Aufmerksamkeit gewinnen von potenziellen Mitarbeitern |
| | • … |
| Mögliche Zielgruppen | |
| | • Potenzielle und bestehende Mandanten (detailliert beschrieben) |
| | • Potenzielle und bestehende Mitarbeiter (detailliert beschrieben) |
| | • Kooperationspartner |
| | • Multiplikatoren |
| | • … |

**Abb. 2.1** Mögliche Ziele und Zielgruppen von Presse- und Medienarbeit

im Unterschied zu den tatsächlichen redaktionellen Beiträgen oberhalb durch das Wort Anzeige gekennzeichnet sind. Aufgrund ihrer Darstellungsform werden sie von vielen Lesern jedoch als Presseberichterstattung wahrgenommen und genießen daher durchaus eine hohe Glaubwürdigkeit. Und genau darauf kommt es für rechtliche und steuerliche Berater an, wenn es darum geht, das Vertrauen von Mandanten zu gewinnen.

Entscheidend für den Erfolg einer Kanzlei bei ihrer Presse- und Medienarbeit sind eine gezielte Vorbereitung und gut aufbereitete Inhalte. Im Blick sollte sie dabei als erstes ihr Ziel und ihre Zielgruppe haben (vgl. Abb. 2.1). Das heißt: Was möchte sie durch Veröffentlichungen erreichen? Und wen möchte sie ansprechen?

Die gewählten Ziele und Zielgruppen bestimmen im nächsten Schritt die Auswahl der Medien. Für eher regional orientierte Kanzleien kommt es zum Beispiel darauf an, im engeren Umkreis um ihren Standort sichtbar zu werden und Vertrauen aufzubauen. Gut geeignet für die Presse- und Medienarbeit sind dann die örtlichen Tageszeitungen. Auch die kostenlosen Lokal- und Stadtteilzeitungen erweisen sich hier als erfolgversprechend. Das gleiche gilt je nach Spezialisierung für regelmäßige Veröffentlichungen von Vereinen. So finden zum Beispiel auf Mietrecht spezialisierte Rechtsanwälte in den Medien der Haus- und Grundbesitzervereine oder des Mietervereins eine geeignete Plattform. Will die Kanzlei sich in der Fachwelt einen Namen machen, unterstützen Veröffentlichungen in entsprechenden Fachzeitschriften wirkungsvoll dieses Ziel.

Entscheidend für den Erfolg der Presse- und Medienarbeit sind neben der Ansprache von geeigneten Medien auch die Themenwahl und das Vorgehen beim weiteren Pressekontakt. Das heißt, nur wenn das Thema der Pressemitteilung Interesse weckt und bestimmte Kriterien erfüllt, bietet sich überhaupt die Chance auf Veröffentlichung. Immerhin steht den Journalisten in ihrem Medium nur ein begrenztes Platzangebot zur Verfügung und die Themen müssen zur Leserschaft passen. Hält der Rechtsanwalt, Steuerberater oder Wirtschaftsprüfer jedoch eine geeignete Information bereit, gilt es, die Presse gezielt zu kontaktieren. Wichtig ist, hier nicht nach dem Gießkannenprinzip alle möglichen Journalisten anzuschreiben. Stattdessen sollte die Kanzlei gezielt recherchieren, welche Medien für sie aufgrund ihrer Ziele und Zielgruppen in Frage kommen und ihre Pressemitteilung dann dem dortigen Ansprechpartner zusenden. Neben der eigenen Recherche kann es sich für größere Presseverteiler lohnen, diese von professionellen Mediendatenbanken erstellen zu lassen oder auf deren Software zurückzugreifen. Wichtig ist hierbei allerdings, Kosten und Nutzen im Blick zu halten.

Neben dem klassischen Versand von Pressemitteilungen an Zeitungen und Magazine sollte die Kanzlei ihre Informationen zusätzlich in Online-Presseportalen einstellen. Auf diese Weise erhöht sie ihre Reichweite und nutzt auch die Chance, dass Journalisten bei der Recherche im Internet auf ihre Mitteilungen stoßen. Außerdem tut sie ihrer Online-Präsenz einen großen Gefallen. Denn Presseportale wirken sich durch die Verlinkung positiv mit Blick auf die Suchmaschinenoptimierung (SEO) aus. Bekannte kostenfreie Portale sind zum Beispiel openPR (www.openpr.de), firmenpresse (www.firmenpresse.de) und Online-Artikel.de (www.online-artikel.de). Kostenpflichtig aber mit einer enormen Reichweite ist der Anbieter PR-Gateway (www.pr-gateway.de), der die eingestellten Pressemitteilungen an mehr als 1 000 angeschlossene Internetportale verteilt.

## 2.2  Eigene Veranstaltungen als Kontaktplattform nutzen

Da gerade bei sensiblen Dienstleistungen wie der rechtlichen oder steuerlichen Beratung das Vertrauen und damit der Faktor Mensch eine sehr große Rolle spielen, ist der persönliche Kontakt bei der Gewinnung und Bindung von Mandanten von großer Bedeutung. Hier kommt es also für den Kanzleiinhaber oder die Partner darauf an, diese Kontakte zu knüpfen. Veranstaltungen bieten dabei eine hervorragende Plattform. Voraussetzung für positive Auswirkungen auf den Erfolg der Kanzlei ist jedoch, dass er auch hier seine Ziele festlegt und seine Zielgruppe konkret benennt. Nur dann kann er geeignete Formate für sich finden und die passenden Neu-Mandanten oder Multiplikatoren kennenlernen sowie den Kontakt zu bestehenden Mandanten pflegen.

Entscheidet die Kanzlei sich, eigene Veranstaltungen durchzuführen, gilt es, vorab einige Fragen für sich zu beantworten:

**Leitfragen**

- Soll es eine einmalige Veranstaltung sein? Oder sollen es mehrere sein und wenn ja, in welchem Rhythmus?
- Welche Zeit ist die geeignetste? Frühstücks– oder Abendveranstaltung? Im Laufe des Tages?
- Soll es einen Namen für das Format geben? Zum Beispiel XY-Breakfast, XY-Dinner, Salongespräch, Kamintalk…
- Welchen zeitlichen Rahmen soll die Veranstaltung haben?
- Gibt es Getränke, Snacks, ein Buffet? Wenn ja, was?
- Wer soll teilnehmen? Und wie erreicht man die gewünschten Teilnehmer?
- Wie viele Teilnehmer sollen mindestens kommen/können maximal kommen?
- Wie soll die Einladung erfolgen?
- Soll die Veranstaltung in den Kanzleiräumen stattfinden oder an einem anderen Ort?
- Hat die Veranstaltung ein Thema?
- Wird es einen oder mehrere Referenten geben? Eine Podiumsdiskussion? Oder soll es einfach ein lockeres Zusammentreffen – zum Beispiel ein Sommerfest oder eine Veranstaltung zu einem Jahrestag – sein?
- Wer sollen die Referenten sein? Oder bei einer Podiumsdiskussion: Wer sind die Diskutanten?
- Wer ist für die Organisation verantwortlich?
- Bedarf es externer Unterstützung?
- Soll es Kooperationen geben?
- Wie gestaltet sich die Terminplanung?

Die Antworten auf diese Fragen geben der Kanzlei die Richtung für ihr weiteres Vorgehen vor. Wichtig für den Erfolg einer Veranstaltung ist, dass die Organisation reibungslos funktioniert und dass Ziele, Zielgruppe und Inhalt der Veranstaltung stimmig sind. Schließlich sollen die Teilnehmer einen positiven Eindruck von der Kanzlei gewinnen und die dort vorhandene Kompetenz erkennen. Entscheidend dafür ist die gute Vorbereitung. Ebenfalls hilfreich ist ein ausreichend langer zeitlicher Vorlauf. Dieser stellt nicht nur sicher, dass die Kanzlei selbst genügend Zeit hat, alle Details für ihr Event sorgfältig zu planen. Auch möglichen Teilnehmern lässt die Kanzlei so Raum für ihre Planung, sodass die Wahrscheinlichkeit steigt, viele der Eingeladenen tatsächlich bei der Veranstaltung begrüßen zu können.

Vom Ziel der Veranstaltung hängen auch Art und Form der Einladung ab. Dient die Veranstaltung nur dazu, bestehende Mandanten zu binden und den Kontakt zu ihnen aufzufrischen oder zu pflegen, ist der Verteiler deutlich kleiner als bei einem Event, das die Bekanntheit erhöhen und die Aufmerksamkeit potenzieller Mandanten wecken soll. Während der Rechtsanwalt, Steuerberater oder Wirtschaftsprüfer einen kleineren Kreis bestehender Mandanten am besten mit einem persönlich gehaltenen Brief oder einer Karte – vielleicht sogar handgeschrieben – einlädt, lässt sich Sichtbarkeit über das bisherige Umfeld hinaus nur durch einen großen Verteiler erreichen. Dazu gehört auch Pressearbeit, der Einsatz von Social Media und die Kooperation mit geeigneten Verbänden oder Vereinen. Eine größere Reichweite erreicht die Kanzlei ebenso, wenn sie zumindest einzelne Veranstaltungen außerhalb der eigenen Räume zum Beispiel in Business Clubs durchführt, die dies über ihren Verteiler verbreiten. Alternativ kann es auch interessant sein, geeigneten Verbänden oder Vereinen die eigenen Räume als Veranstaltungsort zur Verfügung zu stellen. Auf diese Weise hat die Kanzlei dann die Gelegenheit, sich zu präsentieren und im Gespräch ihre Leistungen vorzustellen. So kann sie den eigenen Mandanten etwas Interessantes anbieten und erweitert gleichzeitig ihren Bekanntheitsradius.

Um aus Veranstaltungen den größtmöglichen Nutzen für sich zu ziehen und mittelfristig neue Mandanten zu gewinnen, gilt es, im Anschluss den Kontakt zu Interessenten zu halten. Daher bietet es sich an, eine Möglichkeit zu schaffen, Interessierte in der Folge mindestens noch einmal ansprechen zu können. Ein guter Weg hierfür sind Hintergrundinformationen zum Thema des Events. Die für den Versand notwendigen Kontaktdaten erhält der Rechtsanwalt, Steuerberater oder Wirtschaftsprüfer am Ende der Veranstaltung, indem er auf das entsprechende Angebot hinweist und Interessierte auffordert, ihm ihre Visitenkarte zu überlassen oder sich in eine Liste einzutragen.

## 2.3  Kompetenz in Vorträgen präsentieren

Eigene Vorträge bieten dem Rechtsanwalt, Steuerberater oder Wirtschaftsprüfer den idealen Rahmen, die eigene Kompetenz zu präsentieren. Denn hier kann er das Thema so gestalten, dass es seiner Expertise vollkommen entspricht. Daher tragen Vorträge mit am besten dazu bei, sich auf seinem Fachgebiet einen Namen zu machen und als Experte zu positionieren. Wie bei allen Marketingmaßnahmen ist es aber auch bei eigenen Vorträgen wichtig, die angestrebte Zielgruppe und die möglichen Multiplikatoren im Blick zu behalten. Das heißt, die Präsentation muss diese auch wirklich erreichen, um zum Kanzleierfolg beitragen zu können. Gerade bei den ersten Vorträgen gilt es daher, sich die passende Plattform zu schaffen. Ein geeigneter Weg sind dabei Veranstaltungen in der eigenen Kanzlei. Außerdem sollte der Rechtsanwalt, Steuerberater oder Wirtschaftsprüfer den Vereinen und Verbänden, in denen er Mitglied ist, seine Bereitschaft zu möglichen Präsentationen signalisieren. Oft freuen die Verantwortlichen dort sich über ein solches Angebot. Erweitert es doch das Spektrum an Veranstaltungen für die Mitglieder und erleichtert damit auch den zuständigen Organisatoren die Planung. Mit zunehmender Bekanntheit und bei guter Qualität der Vorträge werden dann meist auch Anfragen von Veranstaltern hinzukommen, sodass der rechtliche oder steuerliche Berater seine Reichweite deutlich erweitern und auch neue Zielgruppen ansprechen kann.

Voraussetzung dafür, dass die Kanzlei Vorträge des Inhabers oder der Partner für ihr Marketing nutzt, ist, dass diese gerne auch vor größeren Gruppen sprechen. Erfahrungen, die gerade Rechtsanwälte durch Plädoyers vor Gericht machen, sind dabei zwar hilfreich. Dennoch ist diese Situation nicht mit Vorträgen vergleichbar. Schließlich will der Rechtsanwalt, Steuerberater oder Wirtschaftsprüfer die Zuhörer hier durch die Präsentation erst von seiner Kompetenz überzeugen und so mittelfristig als Mandanten, Multiplikatoren oder Kooperationspartner gewinnen. Das heißt aber auch: Er muss den Vortrag auf die jeweilige Zielgruppe ausrichten und für sein Publikum verständlich und ansprechend gestalten. Nur dann trägt dieser tatsächlich dazu bei, die angestrebten Ziele zu erreichen. Und nur so kann er auch den wirtschaftlichen Erfolg einer Kanzlei befördern.

Ein erfolgreicher Vortrag erfordert daher neben der fachlichen Expertise auch eine kompetente Präsentation. Das bedeutet natürlich nicht, dass der Rechtsanwalt, Steuerberater oder Wirtschaftsprüfer zum Entertainer werden muss. Wichtig ist vielmehr, die Zuhörer tatsächlich zu erreichen und ihre Aufmerksamkeit während des gesamten Vortrags zu erhalten. Dies erreicht der Kanzleiinhaber vor allem durch einen lebendigen Vortrag und eine geeignete Visualisierung seiner Aussagen. Entsprechend lohnt sich eine umfassende Vorbereitung.

**Leitfragen**
- Was ist Ziel des Vortrags?
- Wer ist die Zielgruppe bzw. welches Publikum wird erwartet?
- Was soll Thema des Vortrags sein? Und wie lässt sich der Titel zugkräftig/eingängig gestalten?
- Was sollen die Zuhörer aus dem Vortrag mitnehmen?
- Welche Kerninformationen soll das Publikum erfahren?

- Gibt es dazu lebendige Beispiele oder/und Geschichten?
- Wie lassen sich die Gedanken visualisieren?
- Welche Hilfsmittel stehen zur Verfügung/werden benötigt?
- Muss es eine PowerPoint-Präsentation sein?

Besonders erfolgreich bei der Akquise und Mandantenbindung wirken Vorträge, die den Zuhörern neue Erkenntnisse bescherten und lange in guter Erinnerung bleiben. Meist besteht die Kunst in der Auswahl des Themas und darin, komplexe Zusammenhänge allgemein verständlich darzustellen und dadurch die eigene Kompetenz zu vermitteln. Das gilt gerade, wenn das Publikum fachfremd ist. Ebenfalls entscheidend für den Erfolg eines Vortrags ist die visuelle Unterstützung. Viele Vortragende setzen dabei auf PowerPoint. Wie überall gilt aber auch hier: Auf die Umsetzung kommt es an. Wer seine Zuhörer mit vielen Folien, eng beschrieben und mit kleiner Schriftgröße erreichen will, hat ganz klar verloren. Denn der größte Teil des Publikums wird dann in seinen Gedanken schnell abschweifen. Außerdem besteht hier die große Gefahr, dass der Vortrag zur Vorlesung im wörtlichen Sinne verkommt. Und selbst wenn es dem Rechtsanwalt, Steuerberater oder Wirtschaftsprüfer trotzdem gelingt, die Aufmerksamkeit seiner Zuhörer grundsätzlich zu wecken, wird er an Grenzen stoßen. Schließlich wird das Publikum sich entweder dem Vortragenden oder den Folien zuwenden – das heißt: entweder zuhören oder lesen. Doch die Dosis entscheidet über den Erfolg. Seinem eigentlichen Ziel hinter dem Vortrag kommt der Kanzleiinhaber oder Partner in jedem Fall näher, wenn er Präsentationshilfen dosiert einsetzt. Konkret bedeutet das, dass er eine eher geringe Zahl an Folien vorbereitet. Diese sollten dann vor allem Schlagworte enthalten und auf eine grafische Unterstützung seines Vortrags setzen. Immerhin kommt es darauf an, den Zuhörer von der eigenen Kompetenz und Persönlichkeit zu überzeugen. Und dazu muss diese wirken können, ohne dass die Aufmerksamkeit abgelenkt wird. Sinnvoll kann es daher sein, mit Blick auf die visuelle Darstellung des jeweiligen Themas den Rat eines Spezialisten einzuholen und auch die Präsentation von Experten erstellen zu lassen.

Um langfristig im Gedächtnis des Publikums – und damit auch der Zielgruppe – zu bleiben und Vorträge als Teil der Akquise von Mandanten zu nutzen, braucht der Rechtsanwalt, Steuerberater oder Wirtschaftsprüfer schließlich noch einen Anker. Gut eignet sich dafür ein Ausdruck der Folien als Handout – versehen mit den Kontaktdaten der Kanzlei. Steht dies den Zuhörern bereits von Beginn an zur Verfügung, können sie dies während des Vortrags um für sie wichtige Punkte ergänzen und im Anschluss eventuell als Nachschlagewerk nutzen. Sehr wirksam ist aber auch der Vorschlag, dass Interessierte dem Vortragenden ihre Visitenkarte überreichen, sodass dieser ihnen die Präsentation zusenden kann. So bietet sich dem rechtlichen oder steuerlichen Berater die Möglichkeit, in der Mail noch einmal Besonderheiten herauszustreichen.

## 2.4  Wissen weitergeben in Workshops, Seminaren und Webinaren

Nur wer ein Thema wirklich gut beherrscht, kann das Know-how dahinter verständlich vermitteln. Hinzu kommt: Wer in einer geschützten Lernatmosphäre mit anderen Menschen arbeitet, kann dabei seine Persönlichkeit verstärkt einbringen und so auch menschlich überzeugen. Und genau die beiden Faktoren Kompetenz und Persönlichkeit sind es, nach denen Mandanten sich für einen Rechtsanwalt, Steuerberater oder Wirtschaftsprüfer entscheiden. Entsprechend gut eignen sich Workshops, Seminare und Webinare als Marketinginstrument für Kanzleien. Denn unabhängig davon ob in Präsenzseminaren oder -workshops oder virtuell in einem Webinar – der Kanzleiinhaber oder Partner kann einen ersten direkten Kontakt zu potenziellen Mandanten aufbauen oder die Beziehung zu bestehenden Mandanten festigen. Sorgen, die eigene Dienstleistung könnte durch die Weitergabe von Wissen überflüssig werden, sind dabei unbegründet. Schließlich kann ein solches Angebot keine ausführliche Beratung durch den erfahrenen Experten ersetzen, sondern immer nur für ein gewisses Grundwissen beim Mandanten sorgen, das dann oft die weitere Zusammenarbeit erleichtert. Ebenso gering ist auch das Risiko durch Wettbewerber, die in den angebotenen Workshops, Seminaren und Webinaren ihr Know-how erweitern. Ein gut durchdachtes Alleinstellungsmerkmal sollte dafür sorgen, dass die Mandanten, die zur eigenen Kanzlei passen, den Weg dorthin auch finden.

Damit Workshops, Seminare und Webinare zum Erfolg der Kanzlei beitragen können, gilt es für den Rechtsanwalt, Steuerberater oder Wirtschaftsprüfer im Vorfeld einiges zu bedenken:

**Leitfragen**
- Was ist Ziel des Workshops, Seminars oder Webinars?
- Wer ist die Zielgruppe?
- Wie soll das Thema konkret lauten? Welche Inhalte gehören hinein?
- Wie viele Personen sollen mindestens/höchstens teilnehmen?

- Welche Form eignet sich am besten – Workshop, Seminar, Webinar? Und: Erfüllt die Kanzlei die nötigen Voraussetzungen?
- Wo soll das Seminar/der Workshop stattfinden?
- Wie erfahren potenzielle Teilnehmer vom Workshop, Seminar oder Webinar?
- Bietet es sich an, Kooperationspartner hinzuzuholen?
- Werden zusätzlich externe Referenten benötigt?
- Soll das Angebot kostenpflichtig sein?
- Wer ist für die Organisation verantwortlich?
- Wie lange sollen Workshop, Seminar oder Webinar dauern? Welche Zeit braucht es, um das Wissen sinnvoll zu vermitteln?
- Welches Material steht zur Wissensvermittlung zur Verfügung? Praxisbeispiele, ergänzende Lektüre, …?
- Welche (technischen) Hilfsmittel werden benötigt? Beamer, Flipchart, Whiteboard, …?
- Welche Arbeitsmaterialien sollen die Teilnehmer bekommen?
- Wie wird das Catering gestaltet?

Nach den Antworten auf diese Fragen kann die Kanzlei ihr weiteres Vorgehen planen. Wichtig ist dabei, die Anforderungen der Zielgruppe und auch die eigenen Möglichkeiten im Blick zu haben. Denn egal ob Workshop, Seminar oder Webinar – nur wenn die Rahmenbedingungen stimmen, kann der Rechtsanwalt, Steuerberater oder Wirtschaftsprüfer sowohl seine Expertise als auch seine Persönlichkeit optimal präsentieren. Das heißt, er muss die Inhalte passend zur gewählten Form der Wissensvermittlung aufbereiten und er muss sich damit wohlfühlen. Entscheidet er sich zum Beispiel für ein Webinar, sollte das Thema eng begrenzt und innerhalb maximal einer Stunde zu vermitteln sein. Außerdem sollte er hierbei bedenken, dass er kein direktes Feedback in Form von zustimmendem Kopfnicken oder fragenden Gesichtsausdrücken erhält, da er sich mit den Teilnehmern nur in einem virtuellen Seminarraum befindet. Wer den direkten Blickkontakt bevorzugt, wird sich an ein Webinar erst gewöhnen müssen oder sollte Präsenzseminare oder -workshops bevorzugen. Um herauszufinden, ob die virtuelle Wissensübermittlung das Richtige für den rechtlichen oder steuerlichen Berater ist, bietet es sich daher an, ein Webinar erst einmal als Teilnehmer mitzumachen. Mit diesen Eindrücken fällt die Entscheidung meist leichter.

Für den nachhaltigen Erfolg eines Workshops, Seminars oder Webinars kommt es neben der richtigen Form auch auf den Inhalt an. Hier gilt es also vorab, einen möglichen Bedarf – also ein „brennendes" Thema – der eigenen Zielgruppe herauszufinden. So können Rechtsanwälte mit Schwerpunkt Mietrecht zum Beispiel Workshops rund um den korrekt ausgefüllten Mietvertrag oder die einwandfreie Nebenkostenabrechnung anbieten. Beim Schwerpunkt Datenschutz bieten sich Seminare für Unternehmer an, in denen diese die Grundlagen oder Neuheiten des Fachgebiets kennenlernen. Ein Beispiel für Steuerberater wäre das Thema, wie Unternehmen sich organisatorisch aufstellen, um einen plötzlichen und unerwarteten Ausfall des Geschäftsführers zu überstehen. Dabei schätzen es die Teilnehmer, wenn sie das in diesen Workshops oder Seminaren frisch erworbene Wissen im Anschluss umsetzen und für ihre alltäglichen Aufgaben nutzen können. Für den Rechtsanwalt, Steuerberater oder Wirtschaftsprüfer heißt das, wichtige Informationen offen und vor allem allgemein verständlich zu vermitteln. Auf diese Weise wird er seinen Zuhörern positiv mit seinem Know-how und seiner Persönlichkeit in Erinnerung bleiben. Und genau dann werden sie auch bei Bedarf seinen Expertenrat einholen. So gilt also gerade bei Workshops, Seminaren und Webinaren: Wer sein Wissen großzügig teilt, wird in der Folge selbst davon profitieren.

# Mit Online-Maßnahmen Reichweite schaffen

**3**

Neben den umfangreichen Möglichkeiten der klassischen Kommunikation findet die Kanzlei heute vielfältige Möglichkeiten, online auf sich aufmerksam zu machen. Das fängt bei der eigenen Website an und reicht weit über Facebook hinaus. Der große Vorteil dabei ist, mit Maßnahmen des Online-Marketings erzielt der Rechtsanwalt, Steuerberater oder Wirtschaftsprüfer erheblich mehr Reichweite als mit der klassischen Kommunikation. Das heißt, er erreicht potenzielle und bestehende Mandanten weit über seinen Standort hinaus. Und auch wenn viele Menschen sich die Kanzlei ihres Vertrauens in der näheren Umgebung suchen, gibt es mitunter gute Gründe, davon abzuweichen. In solchen Fällen vermittelt die Online-Präsenz dann das nötige Vertrauen, das eine Entscheidung für die Kanzlei dann erst möglich macht. Hinzu kommt, dass die Zahl der Leser und Abonnenten von Zeitungen und Magazinen immer mehr zurückgeht. Entsprechend bieten die Online-Plattformen eine gute Alternative, wenn es gilt, die Nicht-Leser zu erreichen.

Die Herausforderung für den Rechtsanwalt, Steuerberater oder Wirtschaftsprüfer besteht bei Online-Maßnahmen vor allem darin, einen Überblick zu behalten. Denn die Frage, ob die Kanzlei überhaupt online präsent sein sollte, stellt sich inzwischen nicht mehr. Online-Marketing gehört heute zum Pflichtprogramm. Schließlich orientieren sich die meisten Menschen im Internet, bevor sie ein Produkt oder eine Dienstleistung kaufen oder beauftragen. Und das gilt auch für die rechtliche oder steuerliche Beratung. Selbst wenn Mandanten über eine Empfehlung auf die Kanzlei zukommen, verschaffen sie sich inzwischen fast immer einen ersten Eindruck über den Online-Auftritt und Einträge auf Bewertungsplattformen. Hier gilt es also, den Überblick zu behalten und die Darstellung der Kanzlei so weit wie möglich zu steuern. Dies erreicht der Rechtsanwalt, Steuerberater oder Wirt-

© Springer Fachmedien Wiesbaden 2015
M. Schäfer, *Erfolgsfaktor Kanzleikommunikation,* essentials,
DOI 10.1007/978-3-658-09076-0_3

schaftsprüfer am besten, indem er sich mit seiner Persönlichkeit zum Beispiel auf Social-Media-Plattformen einbringt. So gewinnt er Vertrauen und baut interessante Kontakte auf. Die Sorge vor negativen Auswirkungen von derartigen Aktivitäten ist dann meist unbegründet. Denn durch seine Präsenz in den Netzwerken wird er auf die Unterstützung zahlreicher Kontakte zählen können und kann – wenn nötig – schnell reagieren.

## 3.1   Die Website – mehr als eine Visitenkarte im Netz

Die Website bildet den Kern aller Aktivitäten im Netz. Entsprechend gehört sie heute zur Basisausstattung einer Kanzlei und ist damit Pflichtprogramm für den Rechtsanwalt, Steuerberater oder Wirtschaftsprüfer. Denn nur mit einer Website erfüllt er das Informationsbedürfnis im geschäftlichen Umfeld. Egal ob nach einer Empfehlung, dem Austausch von Visitenkarten bei verschiedenen Gelegenheiten oder einer gezielten Suche im Internet – die meisten Menschen wollen sich einen genaueren Eindruck über ihre Gesprächspartner verschaffen und nutzen dafür die Website des rechtlichen oder steuerlichen Beraters. Finden sie hier nichts, eine Baustellenseite oder nur unzureichende Informationen und einen unprofessionell gestalteten Internetauftritt, werden schnell Rückschlüsse auf die Kompetenz der Kanzlei gezogen. Immerhin ist eine gut gestaltete Website für viele erst Hinweis auf einen seriösen Dienstleister. Dies sollte der rechtliche oder steuerliche Berater im Blick haben und entsprechend seiner Internetpräsenz die nötige Priorität einräumen.

An erster Stelle ist die Website der Kanzlei Informationsquelle für alle Interessenten. Das heißt, sie gibt potenziellen Mandanten einen Überblick über die Schwerpunkte des Rechtsanwalts, Steuerberaters oder Wirtschaftsprüfers. Sie vermittelt einen ersten Eindruck über ihn, sein Team und die Atmosphäre in der Kanzlei. Sie hält neue und bestehende Mandanten auf dem Laufenden. Und sie führt alle weiteren Aktivitäten des rechtlichen oder steuerlichen Beraters wie zum Beispiel Veröffentlichungen oder Profile in den Social Media zusammen. Das heißt, sie gibt einen Einblick in seine Kompetenz. Außerdem bildet sie eine Art Drehscheibe der Kanzlei im Netz, über die Interessenten zu sämtlichen Internetpräsenzen des Rechtsanwalts, Steuerberaters oder Wirtschaftsprüfers gelangen. So können sie sich nicht nur ein umfassendes Bild über ihn machen. Sie können auch mit ihm in Kontakt treten und diesen pflegen – und zwar so, wie es ihren Anforderungen entspricht. Wie umfangreich die Website gestaltet ist und welche weiterführenden Veröffentlichungen oder Vernetzungsmöglichkeiten die Kanzlei anbieten will, hängt von ihren eigenen Bedürfnissen, ihrer Größe sowie dem zeitlichen und finanziellen Budget ab. Die Möglichkeiten reichen hier von einer etwas umfangreicheren Visitenkarte bis hin zur Website mit zahlreichen Unterseiten, Newsroom und Downloadcenter. In Zusammenarbeit mit einem Grafiker und Webdesigner werden der Kanzleiinhaber oder die Partner hier zu einer passenden Lösung finden.

**Leitfragen**
- Welche Zielgruppe soll die Website ansprechen?
- Was ist Ziel der Website?
- Wie soll der Text der Website gestaltet werden? Ist dieser für die Zielgruppe verständlich?
- Was sollen die Besucher der Website im Anschluss tun? Welche Handlungsaufforderung soll es geben?
- Wie viel Zeit kann die Kanzlei in die Pflege der Website investieren? Oder will sie Dienstleister beauftragen?
- Soll es ein Blog geben?
- Soll es einen Newsletter geben?
- Ist die Kanzlei in Social Media aktiv? Wie soll dies in die Website integriert werden?
- Gibt es Videos oder Hörbeiträge, die in die Website eingebunden werden sollen?
- Will die Kanzlei Downloads anbieten?
- Soll ein Terminkalender integriert werden?
- Sollen Teilnehmer von Vorträgen, Veranstaltungen oder Seminaren sich über die Website anmelden können?
- Ist ein Kontaktformular gewünscht?

Wichtig für den Beitrag der Website zum Erfolg der Kanzlei ist vor allem, dass sie benutzerfreundlich gestaltet und für die Zielgruppe verständlich ist. Dazu gehört vor allem auch, Kontaktdaten wie die Telefonnummer und die E-Mail-Adresse gut sichtbar und deutlich zu platzieren. Besteht die Möglichkeit, regelmäßig Informationen des Rechtsanwalts, Steuerberaters oder Wirtschaftsprüfers zum Beispiel als Newsletter oder in Form von Blogbeiträgen zu beziehen, sollte auch dies klar erkennbar sein. Eine gezielte Aufforderung, diese Veröffentlichungen zu abonnieren, dient dazu, den Kontakt mit Mandanten aufzubauen und zu pflegen. Und dazu sollte die Kanzlei ihre Website auch tatsächlich nutzen. Denn so besteht die größte Chance Mandanten zu binden oder Interessenten in neue Mandate umzuwandeln.

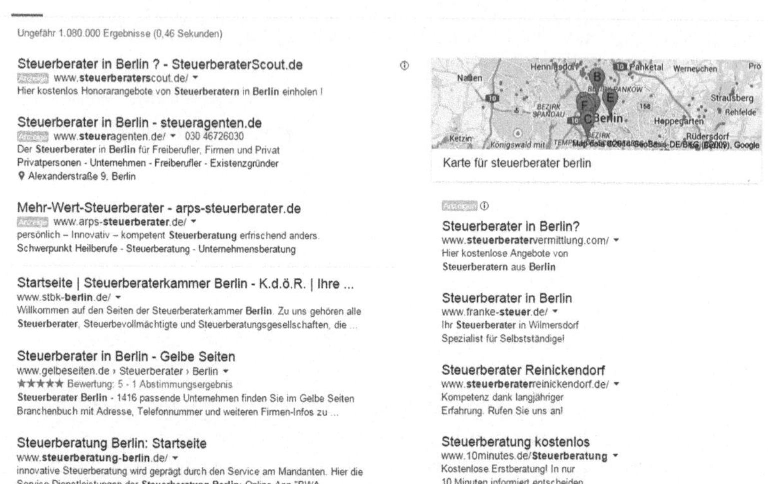

**Abb. 3.1** Suchergebnisse bei den Suchworten „Steuerberater Berlin", abgerufen am 08.12.2014

## 3.2   Google AdWords

Bei Google AdWords handelt es sich um ein Werbesystem von Google. Dabei erscheinen die AdWords-Anzeigen immer oberhalb der generischen – also der allgemeinen – Suchergebnisse sowie in einer Spalte rechts daneben (vgl. Abb. 3.1 und 3.2). Je nach Ziel lohnt es sich für den Rechtsanwalt, Steuerberater oder Wirtschaftsprüfer, dieses Instrument des Online-Marketings einzusetzen. Denn gerade bei der Akquise neuer Mandanten profitiert er hier von der Möglichkeit, die Anzeigen sehr spezifisch auszurichten.

Durch ihre prominente Platzierung wird die Anzeige gut wahrgenommen und bringt der Kanzlei auf diese Weise zusätzliche Aufmerksamkeit. Damit sie aber auch tatsächlich die gewünschte Wirkung erzielt und Suchanfragen in Google zu neuen Mandanten oder Mitarbeitern macht, gilt es jedoch, einige Punkte zu beachten. Besonders wichtig für den Erfolg der Werbeanzeige ist eine gut gewählte Kombination der Keywords. Weitere Kriterien sind der Anzeigentext und die Seite, auf die die Anzeige den Suchenden führt. Beide müssen das konkrete Interesse der Zielgruppe wecken und diese zunächst zu einem Klick und im nächsten Schritt zur Kontaktaufnahme motivieren. Entsprechend kommt es bei Google AdWords also darauf an, möglichst genau die Anliegen der Suchenden zu antizipieren und

**Abb. 3.2** Suchergebnisse bei den Suchworten „Rechtsanwalt Berlin Mietrecht", abgerufen am 08.12.2014

in wenigen Worten eine passende Lösung aufzuzeigen. Dabei geht es darum, mit diesen knappen Hinweisen bei der angestrebten Zielgruppe das Vertrauen zu erzeugen, eine passende Kanzlei gefunden zu haben. Denn erst dann interessiert sie sich für die detaillierten Informationen auf der verlinkten Webseite und wird sich dorthin weiterklicken. Ist der potenzielle Mandant erst einmal auf der Website der Kanzlei oder einer eigens eingerichteten Landing Page angekommen, sollten die Ausführungen dort das in der Anzeige Versprochene halten. Denn hier gilt es dann, zu überzeugen und den Interessenten zum nächsten Schritt – dem Anruf in der Kanzlei oder der Kontaktaufnahme per E-Mail – zu veranlassen.

Bezahlt werden Google AdWords per Klick. Das heißt, immer wenn eine Suchanfrage dazu führt, dass der Suchende auf die Anzeige klickt und darüber dann auf die verlinkte Website gelangt, wird der festgelegte Preis für das Keyword – also das Suchwort – fällig. Je nach Relevanz des Keywords sind die Kosten unterschiedlich hoch. Allerdings kann der Rechtsanwalt, Steuerberater oder Wirtschaftsprüfer diese im Blick halten, da er bei Beginn seiner Google-AdWords-Kampagne ein monatliches Budget festlegt. Ist dieses aufgebraucht, erscheint die Anzeige erst wieder im Folgemonat. Selbstverständlich lassen die Kampagnen sich auch je nach Bedarf anpassen. Dies betrifft sowohl das Budget als auch die Keywords. So kann die Kanzlei sie also im zeitlichen Verlauf immer besser auf die tatsächlichen Suchanfragen abstimmen und ihren Beitrag zum wirtschaftlichen Erfolg steigern.

**Interview mit Denis Mößner, ReachLocal**

Denis Mößner ist Account Executive bei ReachLocal, Berlin. Das Unternehmen mit Hauptsitz im kalifornischen Woodland Hills unterstützt mit seiner patentierten Technologie und seinen erfahrenen Mitarbeitern kleine und mittelständische Unternehmen (KMU) in den Bereichen Suchmaschinen-Marketing, Display-Werbung und Remarketing. Seit 2011 ist ReachLocal auch auf dem deutschen Markt an den Standorten Berlin, München, Düsseldorf und Frankfurt am Main vertreten. ReachLocal ist Google AdWords Premium KMU-Partner. www.reachlocal.de.

**Herr Mößner, warum eignet sich nach ihrer Einschätzung Google AdWords besonders, Kanzleien bei der Akquise neuer Mandanten zu unterstützen?**

Die Stärke von Google AdWords liegt eindeutig darin, dass ein Bedürfnis nach der von der Kanzlei angebotenen Dienstleistung beim potenziellen Mandanten bereits vorhanden ist und er gezielt über die Suchmaschinen nach einem geeigneten Anbieter sucht. Dieses Interesse kann der Rechtsanwalt, Steuerberater oder Wirtschaftsprüfer nun nutzen. Denn mit einer gut platzierten Google-AdWords-Anzeige zieht er die Aufmerksamkeit des Suchenden auf sich. Hinzu kommt, dass die Anzeige nur dann erscheint, wenn die Keywords mit den eingegebenen Suchbegriffen übereinstimmen. Damit ist gesichert, dass sie für den Suchenden tatsächlich relevant ist. Wichtig zu wissen ist dabei, dass die Suche heute erheblich spezifischer ist als noch vor einiger Zeit. Während früher meist ein oder zwei Keywords eingegeben wurden, suchen die Menschen heute mit mehr und eindeutiger formulierten Suchworten. Ein konkretes Beispiel wäre: Statt einfach nur „Rechtsanwalt" oder „Steuerberater Berlin" einzugeben, lauten Suchanfragen heute „Rechtsanwalt Arbeitsrecht Berlin" oder sogar noch genauer „Rechtsanwalt im Arbeitsrecht für Führungskräfte Berlin". Der Hintergrund für diese Entwicklung ist das Wissen um die bessere Treffergenauigkeit. Und dies erweist sich sowohl für den Interessenten als auch für den Anbieter als positiv. Während der Suchende sich über relevante Ergebnisse freuen kann, spricht der Unternehmer – also hier die Kanzlei – exakt seine Zielgruppe an. Auf diese Weise kann sie die gefürchteten Streuverluste bei ihrem Online-Marketing mit Google AdWords auf ein absolutes Minimum reduzieren.

Interessant für Kanzleien ist außerdem, dass Google-AdWords-Kampagnen sich regional eng eingrenzen lassen. So ist für viele doch ein eher enger Radius um den eigenen Standort herum für die Akquise neuer Mandate interessant. Schließlich fahren nur die wenigsten Mandanten einmal quer durch die Stadt zu ihrem rechtlichen oder steuerlichen Berater – außer er bietet eine sehr seltene Spezialisierung. Google AdWords bietet hier eine hohe Trennschärfe. Das heißt, der Rechtsanwalt, Steuerberater oder Wirtschaftsprüfer kann zum Beispiel festlegen, dass seine Anzeige nur bei Suchanfragen innerhalb eines Radius von fünf Kilometern um den Sitz der Kanzlei angezeigt wird. Mithilfe der IP-Adresse wird dies dann berücksichtigt. Größere Radien sind natürlich genauso möglich. Auch weitere Städte, das gesamte Bundesgebiet oder weitere Länder können hinzukommen. Welche Eingrenzung sinnvoll ist, bestimmt hier allein die Ausrichtung der Kanzlei.

**Gerade die zielgenaue Ausrichtung der Google-AdWords-Anzeigen macht diese für Kanzleien ja tatsächlich sehr interessant. Gibt es denn etwas, das Rechtsanwälte, Steuerberater oder Wirtschaftsprüfer auf keinen Fall machen sollten, wenn sie diese Form des Online-Marketings einsetzen wollen? Und was sind im Gegenzug die absoluten „Do's"?**

Wichtig ist, dass sie in ihrer Anzeige und in ihren Keywords nicht zu allgemein bleiben. In diesem Fall würde sich niemand konkret angesprochen fühlen. Würde dennoch jemand darauf klicken und auf die Website des Rechtsanwalts, Steuerberaters oder Wirtschaftsprüfers gelangen, könnte dies allenfalls ein Zufallstreffer sein. Viel wahrscheinlicher ist jedoch, dass dieser Klick zu keinem relevanten Kontakt führt. Das heißt, mit der Anzeige würde die Kanzlei dann nur „Geld verbrennen" und keinen einzigen neuen Mandanten gewinnen.

Außerdem sollten Kanzleien nicht darauf verzichten, die Ergebnisse aus ihren Google-AdWords-Kampagnen zu messen. Das heißt: Was bringen die Anzeigen konkret? Wie viele Anfragen und neue Mandate lassen sich hierauf zurückführen? Ist die Quote hierbei zu gering, lohnt sich die Investition für den Rechtsanwalt, Steuerberater oder Wirtschaftsprüfer nicht. Hier gilt es dann, nach den Ursachen zu suchen und die Kampagne anzupassen.

Aus diesen beiden Punkten ergeben sich dann auch die „Do's". Um erfolgreich Anzeigen in Google AdWords zu schalten, muss die Kanzlei nahe an den Suchbegriffen sein, hinter denen eine Kaufabsicht steckt. Das bedeutet, dass die von ihr festgelegten Keywords mit denen übereinstimmen müssen, die diejenigen auf der Suche nach einer Kanzlei mit der gegebenen Spezialisierung tatsächlich nutzen.

Gelingt dies, wird die Kanzlei sicher neue Mandanten generieren und kann zudem ihre Kosten in einem überschaubaren Rahmen halten. Hier kommt es also darauf an, genau die passende Nische für sich zu finden.

> Google AdWords erscheint folglich sehr vielversprechend für die Akquise von Mandanten. Doch wer dies erfolgreich für sich nutzen will, sollte demnach auch einiges beachten. Wie können Sie von ReachLocal Kanzleien denn konkret unterstützen?

Zunächst beraten wir den Rechtsanwalt, Steuerberater oder Wirtschaftsprüfer ausführlich zum Einsatz von Google AdWords. Selbstverständlich schauen wir dabei gemeinsam, welches Potenzial die Kampagne für ihn bringt. Mit Blick auf die jeweilige Spezialisierung erarbeiten wir die geeigneten Keywords. Dabei greifen wir auf unsere Erfahrungen aus inzwischen mehr als 2.000 Kampagnen in Deutschland und über 30.000 weltweit zurück. Außerdem legen wir den passenden Suchradius und das Budget fest. Im Verlauf der Kampagne optimieren wir diese zum Start bestimmten Parameter immer weiter, so dass die von Beginn an hohe Passgenauigkeit schließlich noch stärker zunimmt.

Neben der üblichen Auswertung in Bezug auf die Keywordaufrufe unterstützen wir die Kanzlei aber auch mit weiteren wichtigen Messdaten. So können wir mithilfe unserer speziellen Software erkennen, welche Anfragen der Rechtsanwalt, Steuerberater oder Wirtschaftsprüfer über die Google-AdWords-Kampagne generiert. Einzigartig an unserem Angebot ist, dass wir dabei nicht auf die Anfragen per E-Mail oder über das Kontaktformular beschränkt sind. Auch Anrufe, die die Kanzlei aufgrund der Anzeige erreichen, fließen in unsere Erfolgsmessung mit ein. Auf Basis dieser Daten erhält der rechtliche oder steuerliche Berater schließlich einen umfassenden Überblick darüber, welchen Beitrag Google AdWords zum Erfolg seiner Kanzlei leistet. Wichtig für ReachLocal ist, dass unsere Kunden ihre Ziele mit Online-Marketing erreichen und dass sich dies in messbaren Erfolgen niederschlägt. Entsprechend gestalten wir unsere Leistungen – von der Beratung bis hin zur stetigen Optimierung der Kampagnen.

## 3.3   Social Media

Von den einen hoch geschätzt, von den anderen gehasst, stellen Social-Media-Plattformen heute jedoch für alle eine wichtige Größe im Rahmen des Marketings dar (vgl. Abb. 3.3). Das heißt, im geschäftlichen Umfeld sollte sich niemand den

**Abb. 3.3** Social Media

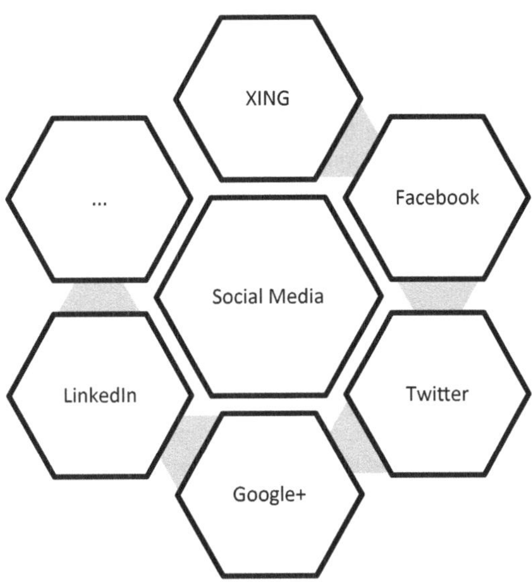


Chancen eines Engagements dort verschließen – auch nicht vor dem Hintergrund der tatsächlich vorhandenen Risiken. Denn auch wer sich selbst aus den unterschiedlichen Plattformen heraushält, hat keine Garantie, dort unerwähnt zu bleiben. So können Mandanten durchaus über ihre Erfahrungen – positiv wie negativ – mit einer Kanzlei in den Social Media berichten. Das Gleiche gilt auch für Bewertungsplattformen. Gezieltes Reagieren wie zum Beispiel eine wohlwollende Auseinandersetzung mit kritischen Äußerungen oder die Mobilisation von Unterstützern (Fans) setzt nun aber eigene Aktivität voraus. Denn eine Kanzlei ohne Aktivität in den verschiedenen Plattformen wird derartige Einträge oft nicht einmal bemerken. Entsprechend hat sie keine Möglichkeit, sinnvolle Aktionen folgen zu lassen. Und so wird aus einer vermeintlichen Risikovermeidung erst recht ein Risiko, wenn es um das Image des rechtlichen oder steuerlichen Beraters geht.

Bevor der Rechtsanwalt, Steuerberater oder Wirtschaftsprüfer jedoch in den unterschiedlichen Social Media aktiv wird, bedarf es einer gezielten Vorbereitung. Dazu gehört, die Besonderheiten der einzelnen Plattformen kennenzulernen. Hinzu kommt die Recherche nach den Netzwerken, auf denen sich die eigene Zielgruppe verstärkt umtreibt. Und natürlich gehört auch dazu, die Ziele sowie Chancen und Risiken konkret zu benennen und die eigenen zeitlichen Kapazitäten richtig einzuschätzen. Nur wenn die Kanzlei dies in einem ersten Schritt erarbeitet, kann ihr Engagement positiv zu ihrem wirtschaftlichen Erfolg beitragen. Denn nur dann kann sie sinnvoll festlegen, in welchen Social Media sie aktiv agieren will und kann oder welche sie vielleicht nur beobachtet. Außerdem erhält sie damit eine gute Grundlage für die inhaltliche und zeitliche Planung ihres Engagements. Schließlich bedarf es auch hier der passenden Ansprache und einer gewissen Regelmäßigkeit der Aktionen, wenn die Aktivitäten erfolgreich verlaufen sollen. Zudem bietet es sich an, die verschiedenen Engagements miteinander zu verknüpfen und so den größten Mehrwert daraus zu ziehen.

## XING

XING bietet als auf den deutschsprachigen Raum ausgerichtetes geschäftliches Netzwerk zahlreiche Möglichkeiten, die der Rechtsanwalt, Steuerberater oder Wirtschaftsprüfer zur Akquise von Mandanten sowie die Pflege bestehender Kontakt nutzen kann. Zu einem erfolgreichen Engagement auf dieser Plattform gehört zunächst ein aussagekräftiges und überzeugendes persönliches Profil. Hinzu kommt das Firmenprofil und eventuell das Employer Branding Profil der Kanzlei. Erst wenn diese erstellt sind, lohnen sich die gezielte Recherche von Kontakten und Beiträge in passenden Gruppen – entweder als Antwort in Diskussionen oder als eigenes Thema. Verzichten sollte der rechtliche oder steuerliche Berater dabei jedoch auf ein allzu werbliches und offensives Vorgehen, da dies nicht gerne gesehen und eher negativ auf ihn zurückfallen wird. Positiv aufgenommen werden dagegen weiterführende Informationen und Tipps, die den anderen Nutzern einen Mehrwert liefern. Hier kann der Rechtsanwalt, Steuerberater oder Wirtschaftsprüfer seine und die Kompetenz seiner Kanzlei gezielt herausstellen. Auf diese Weise erzielt er die nötige Aufmerksamkeit und baut sich ein Netzwerk an Multiplikatoren auf, die bei Bedarf auf ihn zukommen werden.

## Facebook

Auch wenn Facebook oft noch als vorrangig privates soziales Netzwerk angesehen wird, kann es für Kanzleien eine interessante Plattform bieten. Ein entscheidender Punkt ist dabei die Zielgruppe. Ist diese stark auf Facebook vertreten, bietet ein eigenes Engagement – mit persönlichem Profil und Facebookseite – gute Chancen, dort Aufmerksamkeit für das eigene Leistungsangebot zu wecken. Hinzu kommt die zusätzliche Reichweite, die ein Rechtsanwalt, Steuerberater oder Wirtschaftsprüfer gewinnt – zum einen durch organisches Wachstum der Kontakte über die Verbreitung interessanter Beiträge, zum anderen mithilfe geschalteter Werbeanzeigen. Wichtig ist jedoch, dass er seine Beiträge den Ansprüchen der Facebooknutzer anpasst. Dazu gehören der Einsatz von Fotos, der Wille, mit seinen Freunden und Fans in Dialog zu treten und die Bereitschaft, auch passende Inhalte anderer zu teilen.

**Twitter**

Twitter ist eine Mikroblogging-Plattform, über die in Echtzeit kurze Textnachrichten von maximal 140 Zeichen Länge verbreitet werden. Die Plattform eignet sich für Kanzleien sehr gut, um eigene Inhalte zu verbreiten, um Reichweite und Aufmerksamkeit zu gewinnen und natürlich um in den Dialog mit Multiplikatoren und Interessenten zu treten. Gut zu wissen ist auch, dass Journalisten Twitter gerne zur ersten Recherche nutzen. Dadurch ist es möglich, hier mit Äußerungen zu Fachthemen wahrgenommen zu werden. Wichtig ist allerdings auch auf dieser Plattform, dass der Austausch mit anderen gegenüber werblichen Beiträgen im Vordergrund stehen sollte. Wer hier durch seine Kompetenz und hilfreiche Hinweise oder Links auf sich aufmerksam macht, überzeugt viel eher und wird die positiven Auswirkungen seines Engagements auf den wirtschaftlichen Erfolg der Kanzlei langfristig spüren.

**Google+**

Für Rechtsanwälte, Steuerberater oder Wirtschaftsprüfer bietet Google+ eine weitere Möglichkeit, ihre Auffindbarkeit im Internet zu verbessern und die positiven Auswirkungen des sozialen Netzwerks mit Blick auf die Suchergebnisse auszunutzen. Wie stark sich ein Engagement dort auf den Erfolg der Kanzlei auswirkt, hängt schließlich von der Zielgruppe ab. Wichtig zu berücksichtigen ist aber, dass Google+ Verknüpfungen zu anderen Google-Angeboten aufweist. Entsprechend kann es sich denn auch lohnen, diese Plattform in die eigenen Social-Media-Aktivitäten zu integrieren.

**LinkedIn**

Genau wie XING lässt sich das international ausgerichtete Pendant LinkedIn als virtuelle Kontaktdatenbank sowie zum Aufbau und zur Pflege von Kontakten nutzen. Ob ein Engagement auf dieser Plattform für einen Kanzleiinhaber oder Partner interessant ist, hängt vor allem von seiner Zielgruppe ab. Durch seine Internationalität bietet dieses soziale Netzwerk sich vor allem für weltweit tätige Kanzleien an. Zu bedenken ist allerdings, dass die Plattform auch im deutschsprachigen Raum zuletzt stetig an Mitgliedern hinzugewonnen hat. Hier lohnt es sich also, die weitere Entwicklung im Blick zu halten und danach über ein Profil dort zu entscheiden.

**Weitere Plattformen**

Bei den zuvor vorgestellten Social Media handelt es sich um die größten und bekanntesten. Dennoch ist diese Auswahl nicht erschöpfend. So gibt es durchaus weitere interessante soziale Netzwerke, die die Kanzlei je nach Bedarf und Ausrichtung für ihre Ziele nutzen kann – zum Beispiel indem sie Präsentationen zur

Verfügung stellt oder Bewegtbilder nutzt und so ihre Persönlichkeit zeigt. Zu erwähnen sind hier SlideShare, Instagram, Pinterest, YouTube und Vimeo. Bei SlideShare handelt es sich um eine Plattform, auf der Präsentationen, Dokumente, PDFs, Videos und Webinare getauscht und archiviert werden. Instagram ist eine Foto- und Video-Sharing-App für mobile Endgeräte. Bei Pinterest heften Nutzer Bilderkollektionen und Beschreibungen an virtuelle Pinnwände. Und YouTube und Vimeo schließlich sind Videoportale.

## 3.4  Blogs

Eines der stärksten Marketinginstrumente sind Blogs. Dabei erfüllen diese gleich mehrere Funktionen: Sie unterstützen den Rechtsanwalt, Steuerberater oder Wirtschaftsprüfer dabei, seine Expertise und die Persönlichkeit der Kanzlei zu präsentieren und sie wirken sich positiv auf die Platzierung ihrer Website in den Suchmaschinen aus (vgl. Abb. 3.4).

▶ **Definition**  Der oder das Blog oder auch Weblog, engl. Wortkreuzung aus engl. Web und Log für Logbuch, ist ein auf einer Website geführtes und damit meist öffentlich einsehbares Tagebuch oder Journal, in dem mindestens eine Person, der

**Abb. 3.4** Mögliche Inhalte eines Kanzlei-Blogs

Web-Logger, kurz Blogger genannt, Aufzeichnungen führt, Sachverhalte protokolliert („postet") oder Gedanken niederschreibt.

Häufig ist ein Blog eine lange, chronologisch abwärts sortierte Liste von Einträgen, die in bestimmten Abständen umbrochen wird. Der Blogger steht als wesentlicher Autor über dem Inhalt, und häufig sind die Beiträge aus der Ich-Perspektive geschrieben. Das Blog bildet ein für Autor und Leser einfach zu handhabendes Medium zur Darstellung von Aspekten des eigenen Lebens und von Meinungen zu spezifischen Themen, je nach Professionalität bis in die Nähe einer Internet-Zeitung. Oft sind auch Kommentare oder Diskussionen der Leser über einen Artikel zulässig. Damit kann das Medium sowohl dem Ablegen von Notizen in einem Zettelkasten, dem Zugänglichmachen von Informationen, Gedanken und Erfahrungen, etwas untergeordnet auch der Kommunikation dienen, ähnlich einem Internetforum.

aus Wikipedia: http://de.wikipedia.org/wiki/Blog, abgerufen am 04.12.2014

Entscheidet der Rechtsanwalt, Steuerberater oder Wirtschaftsprüfer sich dafür, ein Blog zur Akquise und Bindung von Mandanten und Mitarbeitern einzusetzen, gilt es, einige Vorüberlegungen zu treffen. An erster Stelle stehen dabei natürlich die möglichen Inhalte, also der Content. Die Bandbreite möglicher Themen ist groß. Neben Berichten über aktuelle Entscheidungen aus den Schwerpunkten des rechtlichen oder steuerlichen Beraters bieten sich Tipps für die praktische Umsetzung bei möglichen Mandanten genauso an wie ein Einblick in den Arbeitsalltag der Kanzlei. Auch Informationen über eigene Veröffentlichungen, Vorträge oder Veranstaltungen eignen sich für die Verbreitung über das Blog. Gleiches gilt für einen Ausblick auf geplante Änderungen von Seiten des Gesetzgebers, auf die die Leser sich so bereits frühzeitig einstellen können. Selbstverständlich sollte dabei sein, dass der Content die Erwartungen der Zielgruppe erfüllt. Dazu gehört, dass die Themen einen wirklichen Mehrwert und Nutzen bieten. Und dazu gehört auch, dass die Kanzlei dies in einem angemessenen Umfang darstellt, wobei die Länge der einzelnen Beiträge natürlich variieren kann und je nach Thema auch sollte. Beides – Relevanz und Umfang – sind jedoch wichtige Kriterien, nach denen Suchmaschinen eine Website bewerten. Berücksichtigt die Kanzlei diese Anforderungen mit ihren Veröffentlichungen, leistet sie gleichzeitig einen wichtigen Beitrag auf dem Weg zu einer vorderen Platzierung bei Google und Co. Welche Inhalte der Rechtsanwalt, Steuerberater oder Wirtschaftsprüfer in seinem Blog schließlich postet und wie detailliert er diese ausführt, sollte ein Blick auf seine Ziele und die Zielgruppe bestimmen. Denn nur bei größtmöglicher Übereinstimmung kann er das volle Potenzial dieses Online-Marketing-Instruments nutzen. Das heißt, nur dann kann er tatsächlich seine Expertise und die Persönlichkeit seiner Kanzlei präsentieren und nur so erreicht er damit auch die „richtigen" Personen.

Wichtig für den Erfolg des Kanzlei-Blogs ist neben dem Content und dem Umfang der einzelnen Beiträge aber auch die Regelmäßigkeit. Denn nur wenn der Rechtsanwalt, Steuerberater oder Wirtschaftsprüfer in überschaubaren zeitlichen Abständen sichtbar wird, weckt er tatsächlich Aufmerksamkeit und bleibt im Gedächtnis seiner Zielgruppe. Hinzu kommt, dass auch die Suchmaschinen regelmäßige Aktualisierungen und relevante Inhalte positiv bewerten. Das heißt, veröffentlicht der rechtliche oder steuerliche Berater regelmäßig neuen Content in seinem Blog, wirkt sich dies positiv auf die Platzierung seine Website aus. Denn für Google und Co. sind immer neue Beiträge ein Zeichen von Aktualität und Relevanz. Für die Kanzlei bedeutet dies, von Anfang an einen festen – und nicht zu langen – Rhythmus als Erscheinungstermin neuer Posts festzulegen. Dabei gilt: Je öfter, desto besser. Mindestens einen Beitrag pro Woche sollte sie jedoch in jedem Fall veröffentlichen.

Im Blick haben sollte die Kanzlei allerdings, dass auch ein Blog ein auf den Dialog ausgerichtetes Medium ist. Das bedeutet, Leser kommentieren Beiträge, stellen also ihre Sicht der Dinge dar oder wenden sich mit Fragen an den Rechtsanwalt, Steuerberater oder Wirtschaftsprüfer. Im Sinne einer guten Vernetzung und dem Aufbau eines Netzwerks an Multiplikatoren ist diese Interaktion ein besonders wertvoller Aspekt des Bloggens. Entsprechend zugewandt sollte der Kanzleiinhaber oder Partner hier reagieren. Das heißt selbstverständlich nicht, eine kostenlose Beratung als Reaktion aufgrund von konkret in den Kommentaren geschilderten Fällen anzubieten. Bei solchen Anliegen gilt es, frühzeitig und deutlich Grenzen zu ziehen. Allgemeine Fragen dagegen bieten eine gute Gelegenheit, seine Expertise zu zeigen – entweder in einer direkten Antwort oder in einem der folgenden Posts. So bieten Kommentare eine gute Gelegenheit, die tatsächlichen Interessen der Leser herauszufinden und können damit als Quelle für weitere Beitragsideen dienen. Auf diese Weise schafft die Kanzlei mit ihrer Zielgruppenorientierung die besten Voraussetzungen, damit ihr Blog seinen Zweck als Akquise- und Mandantenbindungs-Instrument erfüllt.

## 3.5   Hör- und sichtbar werden mit Audio- und Video-Podcasts

Ein sehr persönliches Marketinginstrument sind Audio- und Video-Podcasts. Denn wo bekommen Mandanten und potenzielle Mitarbeiter einen besseren Eindruck von der Persönlichkeit eines Rechtsanwalts, Steuerberaters oder Wirtschaftsprüfers sowie der Kanzlei, als wenn sie ihn und sein Team im Bewegtbild erleben oder die Stimmen hören. Damit bieten die beiden Kanäle Audio und Video die idealen Methoden für eine Kanzlei, sich ihrer Zielgruppe vorzustellen. Denn gerade bei so sensiblen Dienstleistungen wie der rechtlichen oder steuerlichen Beratung, bei denen Vertrauen über die Vergabe des Mandats entscheidet, ist die Chemie zwischen den Beteiligten wichtig. Das Gleiche gilt natürlich, wenn mögliche neue Mitarbeiter über eine Bewerbung entscheiden. Ein erstes Gefühl dafür, ob die Chemie stimmt, vermitteln daher Audio- und Video-Podcasts durch den direkten Einblick oder den unverwechselbaren Charakter einer Stimme sowie der Art zu sprechen.

▶ **Definition** Podcasting bezeichnet das Anbieten abonnierbarer Mediendateien (Audio oder Video) über das Internet. Das Kofferwert setzt sich zusammen aus der englischen Rundfunkbezeichnung Broadcasting und der Bezeichnung für bestimmte tragbare MP3-Spieler, iPod, mit deren Erfolg Podcasts direkt verbunden sind und die heute stellvertretend für jegliche tragbare MP3-Spieler stehen. Ein einzelner Podcast besteht aus einer Serie von Medienbeiträgen (Episoden), die über einen Web-Feed (meistens RSS) automatisch bezogen werden können. [...] Podcasts sind vergleichbar mit Radiosendungen, die auch unabhängig von den Sendezeiten angehört werden können. Handelt es sich um Fernsehbeiträge oder anderes Videomaterial, das auf diesem Weg verbreitet wird, spricht man von Vodcast, Vidcast oder inzwischen meistens von einem Video-Podcast. Podcasting wäre so als Teilbereich von Video-/Audio-on-Demand zu betrachten. Jedoch stehen letztere Begriffe eher für kostenpflichtige und durchsuchbare Dienste, während „Sender" Podcasts in aller Regel kostenlos und in einer vom Konsumenten ausgewählten Menge nach und nach in neuen Folgen anbieten.

aus Wikipedia: http://de.wikipedia.org/wiki/Podcasting, abgerufen am 04.12.2014

Um optimal zum Erfolg der Kanzlei beitragen zu können, folgen Audio- und Video-Podcasts einer Strategie. Zu den entscheidenden Vorüberlegungen gehören daher wieder die Fragen: Welches Ziel will der Rechtsanwalt, Steuerberater oder Wirtschaftsprüfer erreichen? Und wen will er ansprechen? Denn auch bei Audio- und Videopodcasts gilt es, Inhalte und Rhythmus genau auf die Bedürfnisse der Zielgruppe abzustimmen. Denkbar ist eine ähnliche Bandbreite wie beim Blog. Anstelle von Audio- und Video-Podcasts, die eine Regelmäßigkeit voraussetzen, kann der Rechtsanwalt, Steuerberater oder Wirtschaftsprüfer diese Medien jedoch auch für einzelne Beiträge nutzen. Dabei bieten sich ein Imagefilm, der sowohl auf der Startseite der Website als auch bei YouTube und Vimeo erscheint, genauso an wie einzelne Hörbeiträge zu den Schwerpunktthemen der Kanzlei. Bei Bedarf lassen sich diese Audios und Videos dann leicht ergänzen und auf die aktuellen Anforderungen von Mandanten und Mitarbeitern ausrichten.

Interessant für das Marketing der Kanzlei sind Audio und Video zudem, da sie damit weitere Kanäle bedienen und so zusätzlich Reichweite schaffen. Dies gilt gerade vor dem Hintergrund, dass manche Menschen stärker visuell andere dagegen auditiv orientiert sind. Und die moderne Technik sorgt schließlich dafür, dass diese unterschiedlichen Bedürfnisse unabhängig von festen Standorten erfüllt werden können. So lassen sich Videos über mobile Endgeräte wie Tablets oder Smartphones überall anschauen. Das Gleiche gilt für Audiobeiträge, durch die sich viele Menschen inzwischen sogar während des Autofahrens informieren. Audio- und Video-Podcasts bieten der Kanzlei daher eine ideale Möglichkeit, ihre Präsenz zu erweitern.

**Interview mit Podcast-Expertin Brigitte Hagedorn, audio:beiträge**
Brigitte Hagedorn ist Inhaberin von audio:beiträge in Berlin. Sie begleitet Berater, Trainer und Coachs dabei, mit Audio-Projekten Gehör bei ihrer Zielgruppe zu finden. Sie berät zum passenden Audio-Format, unterstützt bei der Umsetzung und optimiert selbst erstellte Podcasts oder Audio-Projekte ihrer Kunden. In Online- und Präsenz-Seminaren gibt Brigitte Hagedorn ihr Fachwissen rund um Audio-Formate weiter. www.audiobeitraege.de

> **Frau Hagedorn, wo liegen nach ihrer Einschätzung die Stärken von Podcasts und anderen Audio-Formaten bei der Akquise und Bindung von Mandanten und Mitarbeitern einer Kanzlei?**

Das was Audio-Formate von den meisten anderen Marketinginstrumenten unterscheidet, ist eindeutig der Einsatz der Stimme. Und genau hier liegt auch ihre große Stärke. Denn die Stimme einer Person ist unverwechselbar und vermittelt viel von ihrer Persönlichkeit. Dies geschieht durch die Art zu sprechen, die Wortwahl, die Redegeschwindigkeit. Das heißt also: Mit einem Podcast oder Audio-Beitrag kann der Rechtsanwalt, Steuerberater oder Wirtschaftsprüfer sein Know-how vermitteln und gleichzeitig seine Persönlichkeit präsentieren. Für Hörer – zum Beispiel Mandanten und Mitarbeiter oder solche, die es durch den Podcast vielleicht einmal werden – zeigt sich dabei schnell, ob sie auf derselben Wellenlänge liegen.

Die Wirkung von Audio-Formaten reicht allerdings weit über die Akquise oder die Bindung von Mandanten und Mitarbeitern hinaus. So kann sich ein Rechtsanwalt, Steuerberater oder Wirtschaftsprüfer durch Podcasts in der Fachwelt einen Namen machen und sich mit seinem Know-how als Experte positionieren. Gerade mit Spezial- oder Nischenthemen gelingt dies sehr gut. Schließlich sorgt der zusätzliche Marketingkanal schon an sich für mehr Reichweite. Hinzu kommt oft noch die weitere Verbreitung über das Netzwerk aus anderen Podcastern oder in Verbindung mit Social Media. Wie das funktioniert, zeigt zum Beispiel das Interview mit Rechtsanwalt Sebastian Dramburg vom Blog Lawbster, das ich in meinem Podcast übers Podcasten verbreitet habe. Davon haben wir beide profitieren können, weil wir die Podcast-Episode über unsere Kanäle gestreut und damit zusätzlich die Kontakte des jeweils anderen auf uns aufmerksam gemacht und erreicht haben. Übrigens: Auch Journalisten nutzen Audio-Formate, um Informationen zu sammeln und Interviewpartner für ihre Themen zu finden. Daraus ergeben sich häufig wertvolle Kontakte, die den Expertenstatus einer Person fördern.

Mit einem Podcast oder einem Audio-Projekt kann eine Kanzlei außerdem sehr gut an ihrem Image arbeiten. Besonders gut gelingt das, wenn neben dem Inhaber oder den Partnern auch Mitarbeiter zu Wort kommen. Hier kann sich entweder das gesamte Team präsentieren oder aber einzelne Mitarbeiter stellen sich vor. Ob im Rahmen von Interviews, als Statement auf eine einzelne Frage oder in Form immer neuer Geschichten – denkbar sind viele Arten der Präsentation. Auf diese Weise erfahren Hörer nicht nur, welche Kompetenzen in der Kanzlei vertreten sind, sie bekommen auch ein Gefühl für die Stimmung und die Arbeitsatmosphäre. Gute Unterstützung können Audio-Formate so auch bei der Suche nach neuen Mitarbeitern leisten.

**Podcasts und andere Audio-Formate bringen also einiges an Mehrwert für die Kanzlei. Was sollte ein Rechtsanwalt, Steuerberater oder Wirtschaftsprüfer denn beachten? Und was geht Ihrer Einschätzung nach überhaupt nicht?**

Basis eines erfolgreichen Podcasts oder Audio-Formats ist ein gut durchdachtes Konzept. Wichtig ist zunächst einmal, dass die Kanzlei überlegt, welche Zielgruppe sie konkret ansprechen und was sie mit ihrem Audio-Projekt erreichen will. Weiterhin gilt es zu bedenken, wie und mit welchen Themen sie wahrgenommen werden möchte. Diese Vorüberlegungen fließen schließlich in das Konzept ein und bestimmen zum Beispiel, wie die Hörer im Podcast oder Audio-Projekt angesprochen werden und welche Inhalte Sie dort konkret geboten bekommen. Entscheidend ist dabei der Mehrwert für den Hörer. Das heißt, die Kanzlei sollte ihm einen tatsächlichen Nutzen bieten, wenn sie ihn bei der Stange halten will. Hilfreich ist außerdem, dem Audio-Projekt eine Struktur zu geben. So sollte der Hörer bereits zu Beginn erfahren, was ihn erwartet. Natürlich muss der versprochene Inhalt dann auch folgen – in einer logischen Reihenfolge und zielgruppengerecht aufbereitet.

Wenn ein Rechtsanwalt, Steuerberater oder Wirtschaftsprüfer ein Audio-Format als wirkungsvolles Marketinginstrument nutzen oder sich darüber als Experte positionieren will, kommt es auf die Regelmäßigkeit an. Konkret bedeutet das, in diesem Fall sollte er sich für einen Podcast entscheiden, der wöchentlich oder 14tägig erscheint. Eine Mindestlänge oder eine maximale Dauer gibt es dabei jedoch nicht.

Achten sollte die Kanzlei auf jeden Fall auf die Qualität ihrer Audio-Projekte. Das betrifft vor allem Inhalt und Authentizität. Aber auch die technische Qualität muss stimmen. Ein störendes Rauschen im Hintergrund oder eine unverständliche Sprache hören sich die wenigsten Menschen lange an. Allerdings muss sich die Tonqualität nicht an dem messen lassen, was wir aus dem Rundfunk kennen. Daher kommt die Kanzlei ohne hohe Investitionen aus. Was die technische Seite angeht, reicht gutes Headset oder Aufnahmegerät völlig aus. Das gleiche gilt für die Software zur Bearbeitung der Aufnahmen. Hier empfehle ich das kostenlose Programm Audacity. Beim Sprechen kommt es schließlich darauf an, klar und verständlich zu sprechen. Professionelle Sprecher sind für Podcasts jedenfalls nicht erforderlich. Ich rate sogar fast immer davon ab, da ansonsten die Persönlichkeit des Kanzleiinhabers oder seiner Mitarbeiter nicht übermittelt würde und somit ein wesentlicher Pluspunkt des Audio-Formats verloren ginge.

> **Demnach eignen sich Podcasts oder Audio-Projekte tatsächlich sehr gut für die Produktion in Eigenregie. Für den Anfang mag dies aber doch etwas ungewohnt erscheinen. Welche Unterstützung können Sie Kanzleien bieten?**

Ich biete meinen Kunden verschiedene Formen der Unterstützung. Je nach Bedarf gehören dazu die Beratung rund um Podcasts oder Audio-Projekte, deren Optimierung sowie Unterstützung bei der Umsetzung. Bei der Beratung steht am Anfang immer die Besprechung der Ziele. Denn erst daraus ergibt sich, ob Audio das passende Medium ist. Außerdem erkundige ich mich nach zeitlichen Ressourcen und den Möglichkeiten, Teile des Projekts selbst auszuführen. Aus den Antworten bekomme ich Hinweise darauf, wie groß der Unterstützungsbedarf ist. Außerdem liefern sie mir die entscheidenden Informationen für das Konzept des Podcasts.

Steht das Konzept für das Audio-Projekt, begleite ich meine Kunden bei der Umsetzung. Das kann durch Einweisung in die Audio-Software, in die technische Bearbeitung oder in das Hosting sein. Auch eine Unterstützung bei der Manuskripterstellung oder die Optimierung selbst verfasster Manuskripte sowie selbst erstellter Audio-Aufnahmen ist denkbar. Der Umfang richtet sich hier nach dem Bedarf des Kunden.

Eine weitere Form der Unterstützung, die ich biete, sind Online- und Präsenzseminare. Hier lernen Interessierte das nötige Know-how für die Produktion von Audio-Formaten. Sie erfahren alles Wissenswerte von der Konzeption über die

Arbeit mit Audacity bis hin zum Marketing für den Podcast. Selbstverständlich biete ich diese Seminare auch als Inhouse-Seminare abgestimmt auf die individuellen Bedürfnisse einer Kanzlei an.

## 3.6  Newsletter

Der Newsletter ist ein sehr wirkungsvolles Marketinginstrument und lässt der Kanzlei dabei größtmöglichen Gestaltungsspielraum. Dies betrifft sowohl die optische als auch die inhaltliche Gestaltung. Um sein volles Potenzial auszuschöpfen, kommt es darauf an, die Bedürfnisse der Zielgruppe immer im Blick zu behalten. Das heißt, nur wenn der Newsletter des Rechtsanwalts, Steuerberaters oder Wirtschaftsprüfers relevante Informationen liefert, wird er langfristig abonniert und tatsächlich gelesen. Denn ein bedeutendes Merkmal dieses Marketinginstruments ist, dass über das Abonnement ausschließlich der Empfänger entscheidet. Anders als bei einem Mandantenrundschreiben, das die Kanzlei per Post verschickt und das dann zwangsläufig im Briefkasten des Mandanten landet, muss er einen Newsletter auf der Website der Kanzlei aktiv abonnieren. Und genau damit sendet er ein wichtiges Signal – nämlich dass er grundsätzlich an Informationen des rechtlichen oder steuerlichen Beraters interessiert ist. Dieses Interesse gilt es dann also zu bedienen und wach zu halten. Gelingt dies, kann der Kanzleiinhaber oder Partner regelmäßig auf sich aufmerksam machen und seine Kompetenzen präsentieren. Damit wird der Newsletter schließlich zum wirkungsvollen Mittel bei der Akquise und Bindung von Mandanten.

**Leitfragen**
- Welches Ziel soll der Newsletter verfolgen?
- Wer ist konkret die Zielgruppe?
- Welches Zeitbudget steht für die Erstellung zur Verfügung?
- Soll der Newsletter in der Kanzlei erstellt werden?
- Wie soll er optisch gestaltet werden?
- Welchen Umfang soll er haben?
- Welche Inhalte sollen die Newsletter füllen?
- Wie soll die Struktur aussehen?
- In welchem zeitlichen Abstand soll er erscheinen?
- Ist ausreichend Material für den gewählten Abstand vorhanden?

Bei der Auswahl der Inhalte kommt es zuerst darauf an, die Empfänger nicht zu stark mit Werbung in eigener Sache zu belästigen. Anstelle dessen sollte der Rechtsanwalt, Steuerberater oder Wirtschaftsprüfer mit seiner Kompetenz glänzen und sich über einen herausragenden Service positionieren. Dies kann er, indem er im Newsletter an wichtige Fristen erinnert. Auch der Hinweis auf anstehende Gesetzesänderungen verbunden mit Tipps zur praktischen Umsetzung beim Mandanten bietet diesem einen ausgezeichneten Mehrwert. Das gilt genauso für Links zu interessanten Veröffentlichungen im Internet, die die Empfänger des Newsletters interessieren könnten. Seine eigene Expertise kann der rechtliche oder steuerliche Berater gut herausstellen, indem er zu relevanten Entscheidungen seines Fachgebiets Stellung nimmt und diese allgemein verständlich erklärt. Auch für den Empfänger plausible Erläuterungen zu einzelnen rechtlichen oder steuerlichen Aspekten des jeweiligen fachlichen Schwerpunkts zeigen seine Kompetenz und erweitern gleichzeitig das Verständnis des Newsletter-Abonnenten zu diesem Thema. In späteren Mandantengesprächen können sich die Inhalte des Newsletters damit sogar positiv auf die Beratung auswirken, da der Gesprächspartner so über ein Mehr an Grundwissen verfügt. Neben den fachlichen Ausführungen dient der Newsletter aber natürlich auch dazu, den Empfänger – zumindest zu einem geringen Anteil – über die Kanzlei zu informieren. An erster Stelle betrifft dies Termine wie zum Beispiel Veranstaltungen, Vorträge oder Seminare und die jeweiligen Anmeldedaten, auf die der Rechtsanwalt, Steuerberater oder Wirtschaftsprüfer aufmerksam macht. Weiterhin denkbar sind kurze Beiträge, in denen sich die Mitarbeiter vorstellen oder Anekdoten aus ihrem Arbeitsalltag berichten. Dies gibt dem Newsletter eine persönliche Note und die Empfänger bekommen Gelegenheit, die Kanzlei besser kennenzulernen. Hier gilt es jedoch abzuwägen, inwieweit Kanzleiinhaber, Partner und Mitarbeiter dazu bereit sind.

Neben den Inhalten kommt auch der Struktur des Newsletters eine große Bedeutung zu. Das heißt, soll er in Rubriken unterteilt werden? Immer die gleichen? Soll er jeweils unter einem Thema stehen und dies detailliert ausführen? Wenn ja, welche Themen eignen sich? Orientierung bieten bei der Entscheidung zur Struktur durchaus andere Newsletter, die der Rechtsanwalt, Steuerberater oder Wirtschaftsprüfer selbst bezieht und schätzt – und natürlich solche, die ihm von ihrer Gestaltung nicht zusagen und die er daher vielleicht wieder abbestellt hat. Wichtig ist in jedem Fall, dass der Newsletter der Kanzlei einen hohen Wiedererkennungswert hat. Allzu leicht landet er anderenfalls als vermeintlich unbekannt im Spamordner des Empfängers und verliert Abonnenten. Dem Ziel, regelmäßig Aufmerksamkeit bei Mandanten und Multiplikatoren zu erzeugen, wäre dies nicht förderlich. Zur Struktur des Newsletters gehört schließlich auch seine Länge. Dabei gilt es meist, einen Kompromiss zu finden, zwischen dem Anliegen der Kanzlei, umfassend zu informieren, und den Bedürfnissen der Abonnenten. Denn während der rechtliche oder steuerliche Berater gerne sein Wissen präsentieren möchte, bevorzugen die meisten Empfänger eher kurze und knappe Informationen. Dies liegt zum einen an der Informationsflut und der hohen Arbeitsdichte. Zum anderen trägt auch die weit verbreitete Abneigung, am Monitor lange Texte zu lesen, dazu bei. Daraus folgt also, dass der Newsletter einen überschaubaren Rahmen haben sollte. Erreichen kann die Kanzlei dies auf verschiedenen Wegen. Eine Möglichkeit ist, sich auf ein Hauptthema zu konzentrieren und weitere Informationen nur als Link einzufügen. Außerdem kann sie Themen nur anreißen und mit Links auf die zugrundeliegenden Webseiten wie zum Beispiel das eigene Blog oder Veröffentlichungen auf anderen Plattformen verweisen. Weitere Lösungen aus einer anderen Kombination der Textlängen sind denkbar. Bei ihrer Entscheidung für eine der möglichen Varianten sollte die Kanzlei sich von den Bedürfnissen ihrer Zielgruppe und ihren eigenen Vorstellungen leiten lassen.

Als weiterer wichtiger Aspekt bei der Planung des Newsletters kommt das Erscheinungsintervall hinzu. Zu bedenken ist dabei, dass der Newsletter nur dann seine vollen Stärken als Marketinginstrument entfalten kann, wenn die Veröffentlichungen in regelmäßigen, nicht allzu großen Abständen erfolgt. Ansonsten besteht nicht nur die Gefahr, dass die Empfänger sich nicht an ihr Abonnement erinnern. Auch die erzeugte Aufmerksamkeit und der Wiedererkennungswert sind bei zu großen Abständen zu gering. Um also wirklich zum Erfolg der Kanzlei beizutragen, sollte der Newsletter mindestens einmal im Monat erscheinen. Ein Zwei-Wochen-Rhythmus ist ebenso denkbar. Welches Intervall der Rechtsanwalt, Steuerberater oder Wirtschaftsprüfer schließlich wählt, ergibt sich auch aus dem zur Verfügung stehenden Material. Denn schließlich will der Newsletter sinnvoll und vor allem mit interessanten Inhalten gefüllt werden, um sein Ziel zu erreichen. Die zeitlichen Kapazitäten, die für die Erstellung eingeplant werden, müssen selbstverständlich ebenfalls berücksichtigt werden. Wichtig ist allerdings, den angekündigten Rhythmus tatsächlich einzuhalten. Optimal ist sogar, wenn der Erscheinungstag immer gleich bleibt – zum Beispiel der erste Mittwoch des Monats. Schließlich warten interessierte Abonnenten auf die Nachrichten ihres Rechtsanwalts, Steuerberaters oder Wirtschaftsprüfers. Und gerade in so sensiblen Bereichen wie der rechtlichen und steuerlichen Beratung ist es auch ein Zeichen von Verlässlichkeit, entsprechende Ankündigungen einzuhalten. Sollte sich einmal ein Intervall verschieben oder plant die Kanzlei im Sommer oder zum Jahreswechsel einen anderen Rhythmus, sollte sie dies ankündigen. So legt sie auch im Newsletter die Basis für ihr positives Image bei Mandanten und Multiplikatoren.

# Was Sie aus diesem Essential mitnehmen können

- Der Einsatz verschiedener Kommunikations- und Marketingmaßnahmen unterstützt die Kanzlei dabei, Aufmerksamkeit zu wecken, Vertrauen zu gewinnen und zu informieren. Damit ist sie das ideale Instrument, neue Mandanten und Mitarbeiter zu gewinnen sowie bestehende zu binden.
- Bei Kommunikation und Marketing kommt es auf die Mischung verschiedener Maßnahmen an. So verschafft sich der Rechtsanwalt, Steuerberater oder Wirtschaftsprüfer die nötige Reichweite und berücksichtigt unterschiedliche Kommunikationsstile seiner Zielgruppe.
- Die verschiedenen klassischen Kommunikations- und Marketingmaßnahmen bieten der Kanzlei vielfältige Plattformen, ihre Kompetenz zu zeigen. Dazu gehört der persönliche Kontakt, der das nötige Vertrauen besonders fördert.
- Die moderne Online-Kommunikation sorgt für eine gute Verbreitung. Durch ihre Dialog-Orientierung fördert sie nicht nur den gegenseitigen Austausch in Form von Tipps und Anregungen. Sie bietet auch eine ideale Plattform, die eigene Expertise einer großen Community zu präsentieren und dadurch Multiplikatoren zu gewinnen.
- Die verschiedenen Maßnahmen des Online-Marketings unterstützen sich gegenseitig. So werden Aktivitäten in Social Media und Blog sowie Podcasts positiv von den Suchmaschinen bewertet und befördern damit wiederum das Ranking der eigenen Website.

© Springer Fachmedien Wiesbaden, 2015
M. Schäfer, *Erfolgsfaktor Kanzleikommunikation,* essentials,
DOI 10.1007/978-3-658-09076-0

# Zum Weiterlesen


Bärmann F (2014) XING erfolgreich netzwerken im Beruf. mitp, Heidelberg

Firnkes M (2011) Blog Boosting, Marketing – Content – Design – SEO. mitp, Heidelberg

Grabs A, Bannour K-P, Vogl E (2014) Follow me!: Erfolgreiches Social Media Marketing mit Facebook, Twitter & Co. Galileo Computing, Bonn

Hübner K, Hübner G (2004) Abenteuer Steuerberatung. Deubner, Köln

Löffler M (2014) Think Content! Content-Strategie, Content-Marketing, Texten fürs Web. Galileo Press, Bonn

Lutz A, Rumohr A (2014) XING optimal nutzen: Geschäftskontakte – Aufträge – Jobs. So zahlt sich Networking im Internet aus. Linde, Wien

O'Reilly T, Milstein S (2013) Das Twitter-Buch. O'Reilley, Köln.

Schieblon C (Hrsg) (2013) Marketing für Kanzleien und Wirtschaftsprüfer: Ein Praxishandbuch für Anwalts-, Steuerkanzleien und Wirtschaftsprüfungsunternehmen. Springer Gabler, Wiesbaden

Schindler M-C Liller T, (2014) PR im Social Web. O'Reilly, Köln

Schlüter J (2012) Social Media Marketing für Unternehmer: Der 30-Minuten-Faktor. Pearson, München

Schulz-Bruhdoel N, Fürstenau K (2013) Die PR- und Pressefibel: Zielgerichtete Medienarbeit. Das Praxisbuch für Ein- und Aufsteiger. Frankfurter Allgemeine Buch, Frankfurt

Schwindt A (2012a) Das Facebook-Buch. O'Reilly, Köln

Schwindt A (2012b) Das Google+-Buch. O'Reilly, Köln

Weinberg T (2014) Social Media Marketing – Strategien für Twitter, Facebook & Co. O'Reilly, Köln



© Springer Fachmedien Wiesbaden, 2015

M. Schäfer, *Erfolgsfaktor Kanzleikommunikation,* essentials,

DOI 10.1007/978-3-658-09076-0